Zusammenfassung und Arbeitsbuch zu „100 Millionen Dollar Angebote"

Wie man so gute Angebote macht, dass sich die Leute dumm fühlen, wenn sie Nein sagen

ALEX HORMOZI

WARUM ICH DIESES ARBEITSBUCH UND DIE ZUSAMMENFASSUNG ERSTELLT HABE

Unternehmen mit einem Jahresumsatz von Hunderten von Millionen (kein Tippfehler) zu besitzen, hat mich viele Dinge gelehrt. Vor allem hat es mich eines gelehrt: Erfolg hat nicht der, der über Geschäfte redet, sondern der, der Geschäfte *macht*. Und Geschäfte *macht* man, indem man seine unternehmerischen Fähigkeiten einsetzt, um tatsächlich geschäftliche Dinge zu tun.

Meiner Erfahrung nach verstehen die meisten Menschen bereits die Grundlagen unternehmerischen Denkens und Handelns:

- Etwas herstellen oder besorgen, das man verkaufen kann.

- Die Leute wissen lassen, dass man etwas zu verkaufen hat.

- Diese Sache Leuten anbieten, die daran interessiert sind, sie zu kaufen.

- Mehr Geld einnehmen, als es kostet, die Sache zu verkaufen und zu liefern.

- Den Überschuss verwenden, um sich selbst zu bezahlen und das Geschäft auszubauen.

- Wiederholen.

Allerdings bleiben sie beim *wie* des Geschäfts stecken. *WIE* kann man all diese Dinge tun? *Fähigkeiten.*

Im Geschäftsleben wurde ich erfolgreich ...

- Nicht, weil ich Geheimnisse habe.

- Nicht, weil ich etwas Revolutionäres erfunden habe.

- Nicht, weil ich der Einzige bin, der mehr Geld einnimmt, als er ausgibt.

- Sondern weil ich mein Möglichstes in den Aufbau unternehmerischer Fähigkeiten investiert habe.

Ich weiß auch, dass Investitionen in unternehmerische Fähigkeiten verhindern, dass man in andere Dinge investiert. Aber ich respektiere diese Entscheidung. Und ich respektiere Sie dafür, dass Sie es tun, *weil Sie eine gute Investition tätigen*. Wenn es sich auszahlt, kann alles, was Sie investiert haben, 5x, 10x, 100x, 1000x oder mehr zu Ihnen zurückkommen. Dann können Sie Ihre Ressourcen in alles investieren, was Sie wollen (auch in weitere geschäftliche Dinge!), und zwar in einem *atemberaubenden* Tempo.

Ich habe die *100 Millionen Dollar* Bücher, Arbeitsbücher und Kurse gemacht, *weil Sie diesen Weg gewählt haben*. Ich weiß, dass es schwierig ist, unternehmerische Fähigkeiten zu erlernen. Ich weiß, dass es viele Wiederholungen braucht, um sie zu meistern. Ich weiß auch, dass Sie sie meistern können. Dieses Arbeitsbuch gibt Ihnen ein weiteres Teil dieses Puzzles.

Ich weiß, dass die Grundsätze in diesen Büchern mir geholfen haben. Aber um der Mission willen habe ich im Stillen Beweise dafür gesammelt, dass sie auch bei anderen funktioniert haben. Es nahm einige Zeit in Anspruch, aber das Feedback sagt alles. Seit ich mir auf die Fahnen geschrieben habe, jedem eine echte unternehmerische Grundbildung zu ermöglichen, hat dies Millionen von Menschen beeinflusst. Ich sehe den Teenager, der an die Tür klopft. Den Vater bei seiner Autowäsche. Die Gärtnerin an ihrem Stand auf dem Bauernmarkt. Sie alle haben mir erzählt, wie die Prinzipien für sie funktioniert haben.

Die schiere Anzahl der Menschen, die mich jeden Tag auf der Straße anhalten, um mir zu sagen: „Ich habe eine neue Fähigkeit erlernt"... „Ich kann meine Familie ernähren"... „Ich habe mein Einkommen verdreifacht"... „Ich habe tatsächlich einen Grund, morgens aufzustehen"... All das berührt mich zutiefst. Jedes Mal.

Ich habe die *100 Millionen Dollar* Bücher, Arbeitsbücher und kostenlosen Kurse für *Sie* gemacht. Für den, der in der Geschäftswelt gewinnen will. Diese Prinzipien gelten für Sie, wenn Sie sich bereits etabliert haben, wie ich es getan habe. Sie gelten auch, wenn Sie alles verloren haben und ganz unten angekommen sind, so wie ich (zweimal).

Dieses Arbeitsbuch fasst alles Wichtige aus dem Hauptbuch zusammen, vertieft Ihr Verständnis dafür und stellt Ihr neu erworbenes Wissen auf die Probe. Sie werden feststellen, dass es einfach und effektiv ist ... vorausgesetzt, Sie tun es.

Diesen Prinzipien - und den daraus resultierenden Fähigkeiten - verdanke ich einen Großteil meines Erfolgs.

Und im Laufe der Jahre haben sie sich auch für andere bewährt.

Jetzt können sie auch für Sie funktionieren.

WAS DIES NICHT IST

Jetzt wissen Sie, warum ich dieses Arbeitsbuch und diese Zusammenfassung erstellt habe. Aber ich möchte auch, dass Sie das Wesentliche nicht aus den Augen verlieren. Ich schließe also den Kreis, indem ich Ihnen sage, was dieses Arbeitsbuch *nicht* ist.

Dieses Arbeitsbuch versucht NICHT, schick und hochtrabend zu klingen

Wenn Sie intellektuelle Analysen von Besserwissern und Schlaumeiern wollen – gehen Sie woanders hin.

Wenn Sie komplizierte Mathematik und komplizierte Wörter wollen – gehen Sie woanders hin.

Wenn Sie schöne Floskeln wollen, die Sie vom Geldverdienen ablenken – gehen Sie woanders hin.

Ich sehe immer wieder, wie Buchrezensenten einfache Sprache und einfache Ansätze schlecht reden. Diese Leute haben auch fast nie große und erfolgreiche Unternehmen. Während sie sich also einen Spaß daraus machen, winzige Tippfehler zu finden, können Sie sich einen Spaß daraus machen, große Bankkonten aufzubauen. Ich weiß, dass kompliziertes Zeug und ausgefallener Fachjargon die Leute unterhalten. Aber einfache Prinzipien, die in einfachen Sätzen formuliert sind, *werden Sie reich machen*. Und es ist mir wichtig, Sie reich zu machen.

Manche Leute verhalten sich bei diesem Thema hochnäsig. Sollen sie doch. So bleibt mehr für uns.

Dieses Arbeitsbuch ist NICHT „innovativ"

Diese Prinzipien stammen nicht von mir, sondern von der Geschäftswelt selbst.

Vielleicht haben Sie vieles von dem, was ich sage, schon an anderer Stelle gehört, gelesen oder gesehen. Das ist gut. Je mehr solide Geschäftsprinzipien Sie sehen, desto besser. Ich gebe Ihnen nur meinen Geschmack, meine Erfahrungen und die ständig wachsenden Erfolge von Menschen weiter, die diese Prinzipien so wie ich übernommen haben.

Dieses Arbeitsbuch ist nicht bahnbrechend - und das soll es auch gar nicht sein. Ich präsentiere große Ideen auf einfache Art und Weise und stelle sicher, dass Sie sie gut genug kennen, um sie anzuwenden. Manche schlagen seltsame und komplizierte Geschäftsmethoden vor, die wirklich vom Glück abhängen - alles im Namen der „Innovation". Ich schlage einfache und bewährte Dinge vor, die von *harter Arbeit* abhängen. *Wenn* Sie dann etwas gefunden haben, das Ihnen Geld einbringt, *arbeiten Sie noch härter daran.*

Ja, das Glück spielt im Geschäftsleben eine Rolle. Aus diesem Grund wird es in Ihrem Unternehmen gewisse Phasen geben. Aber harte Arbeit zahlt sich aus, *egal ob man das Glück auf seiner Seite hat oder nicht. Wenn* dann das Glück kommt, wird aus der harten Arbeit etwas Unglaubliches. Es kommt alles zusammen.

Erfolgreiche Geschäftsinhaber denken in Jahrzehnten, nicht in Tagen. Manche Phasen sind großartig, andere nicht so sehr. Aber wenn Sie alle Phasen nebeneinander sehen, sprechen die Ergebnisse für sich selbst.

Dieses Arbeitsbuch wurde NICHT von jemandem geschrieben, der nicht alles getan hat, was darinsteht

Ich spreche nur selten über meine formale Ausbildung. Ja, ich habe in Vanderbilt Wirtschaftswissenschaften studiert. Nein, ich glaube nicht, dass es einen Unterschied gemacht hat, so oder so. Ich habe Tausende von Leuten mit großartigen Abschlüssen in Wirtschaftswissenschaften getroffen und darunter waren auch solche, die es zu nichts gebracht haben. Der Abschluss selbst bedeutet nichts.

Ich spreche nicht über Geschäfte, weil ich etwas *über* Geschäfte weiß.

Ich spreche über Geschäfte, weil ich sie *mache.*

Ich habe Geschäfte gemacht und gewonnen.

Ich habe Geschäfte gemacht und alles verloren.

Ich habe Geschäfte gemacht und wieder gewonnen.

All das, was in den Büchern, Kursen und Arbeitsbüchern steht - ich habe es gelebt.

Dieses Arbeitsbuch ist NICHT das Hauptbuch

Als ich mit diesen Arbeitsbüchern begann, hatte ich ein großes Anliegen. Die meisten anderen Arbeitsbücher, die es gab, waren einfach nur schlecht. Sie kopierten etwas aus einem Buch, fügten es in ein anderes ein, stellten eine dumme offene Frage und fügten dann Dutzende von leeren Seiten zum „Nachdenken" hinzu. *Blödsinn bis zum Umfallen.*

Wenn ich so einen Blödsinn veröffentlichen würde, könnte ich damit nicht leben. Es tut Ihnen und allen anderen, denen diese Mission am Herzen liegt, Unrecht. Die *100 Millionen Dollar* Reihe hat ihre Sache fantastisch gemacht. Das gleiche Zeug noch einmal zu veröffentlichen, würde schwach aussehen, meine eigenen Inhalte ausschlachten *und* Sie beleidigen. Wie unangenehm.

Das Arbeitsbuch ist zwar die ultimative Ergänzung zur *100 Millionen Dollar* Reihe, sollte aber auch für sich alleine stehen.

Das Arbeitsbuch vereint wichtige Konzepte – aber es ist nicht das Hauptbuch.

Das Arbeitsbuch stärkt Ihr Verständnis dieser Konzepte – aber es ist nicht das Hauptbuch.

Das Arbeitsbuch fordert Sie heraus, diese Konzepte anzuwenden – aber es ist nicht das Hauptbuch.

Das Arbeitsbuch steigert Ihr Potenzial, Geld zu verdienen – aber es ist nicht das Hauptbuch.

Das Arbeitsbuch *kann* für sich alleinstehen, aber ...

Wenn Sie das Arbeitsbuch als Ersatz für das Hauptbuch verwenden, *könnten Sie einen Fehler machen.*

Das Hauptbuch macht das Arbeitsbuch wertvoller.

Das Arbeitsbuch macht das Hauptbuch noch wertvoller.

Um also den größten Nutzen für Ihr Geschäft zu erzielen, sollten Sie *beide verwenden.*

Dieses Arbeitsbuch ist NICHT für Leute, die denken, viel Geld zu verdienen, sei schlecht

So viele gute Menschen haben falsche Vorstellungen von Geld.

Sie denken, viel Geld zu verdienen oder es zu wollen, macht sie zu schlechten Menschen. Sie denken, dass andere sie als schlecht ansehen, wenn sie es versuchen. Und aus diesem Grund halten sich viele gute Menschen arm ... mit Absicht!!

Lassen Sie mich Ihnen etwas sagen.

Wenn die Guten absichtlich arm bleiben, gewinnen die Bösen.

Ende der Geschichte.

Um gut im Geschäft zu sein, muss man auch die richtige Einstellung zum Geld haben. Ob es Ihnen nun gefällt oder nicht, ein Unternehmen hat in erster Linie eine Aufgabe - Geld zu verdienen. Wenn Sie als Geschäftsinhaber das Geldverdienen nicht an die erste Stelle Ihrer Prioritätenliste setzen, wird Ihr Geschäft scheitern. Dann werden die Guten verlieren. Lassen Sie die Guten nicht verlieren.

Geschäfte zu machen hat viele positive Elemente:

Sich Fähigkeiten aneignen und diese perfektionieren, Selbstbeherrschung entwickeln, nützliche Dinge vertreiben und das Leben anderer Menschen verbessern. Wenn man das Geldverdienen aus der Gleichung herausnimmt, wie es viele naive Geschäftsinhaber tun — dann *fällt alles auseinander*.

Gute Unternehmen verdienen eine Menge Geld.

Wenn Sie ein gutes Unternehmen aufbauen wollen, dann machen Sie sich damit vertraut, viel Geld zu verdienen.

Lassen Sie uns viel Geld verdienen.

WIE MAN DIESES ARBEITSBUCH UND DIE ZUSAMMENFASSUNG VERWENDET

Sie können dieses Arbeitsbuch und die Zusammenfassung folgendermaßen verwenden ...

- für sich allein genommen

- bevor Sie das Hauptbuch lesen

- nachdem Sie das Hauptbuch gelesen haben

- während Sie das Hauptbuch lesen.

Sie können das Arbeitsbuch also verwenden, wann immer Sie wollen.

Das Arbeitsbuch behandelt den Stoff in der gleichen Reihenfolge wie das Hauptbuch. Das macht es einfacher, beide Bücher auf einmal durchzuarbeiten - aber damit enden die Ähnlichkeiten.

Als Erstes gehe ich auf ein wichtiges geschäftliches Thema ein. Ich stelle dieses wichtige geschäftliche Thema als Problem vor, das es zu lösen gilt, als „Schlüsselkonzept" oder dergleichen. Sie werden es verstehen, wenn Sie es sehen. Als Zweites gebe ich ein Beispiel für diese wichtige Sache in Aktion und vielleicht ein paar weitere Anmerkungen dazu. Danach machen Sie eine Übung (oder mehrere) zu dem jeweiligen Schlüsselkonzept, damit es sich besser einprägt. Dann sehen Sie, wie es sich in Ihrem Unternehmen auswirkt, sofern es sinnvoll ist. Dieser Prozess wiederholt sich für jedes wichtige geschäftliche Thema, das ich hier hineingepackt habe.

Aber nur eines ist wirklich wichtig: dass Sie *das Ganze im wirklichen Leben anwenden.*

GLIEDERUNG DIESES ARBEITSBUCHS UND DER ZUSAMMENFASSUNG

Ich hasse es, wenn Menschen in die Irre geführt werden. Ich habe gesehen, wie mehr als 30 Leute aus objektiv großartigen Büchern (basierend auf den über 20.000 5-Sterne-Rezensionen bei Amazon) schlechte Arbeitsbücher gemacht haben. Und da einige Leute nur Arbeitsbücher und Zusammenfassungen lesen, würden sie mich nach den schlechten, verfälschten Versionen meines Buches beurteilen. Das beunruhigte mich. Also beschloss ich, selbst eine Arbeitsbuch- und Zusammenfassungsversion meines ursprünglichen Buches *100 Millionen Dollar Angebote* zu erstellen. Zumindest lernen Sie auf diese Weise das Richtige und nicht das, wovon eine Person, die nie ein Unternehmen besessen hat, behauptet, dass es wichtig sei. Sie können es von mir hören.

Ich habe den Originaltext für Sie vereinfacht und auf ein Problemlösungssystem heruntergebrochen.

Einleitung:

Problem A: Warum kann Alex Ratschläge geben? → Lösung A: Vertrauenswürdigkeit und Glaubwürdigkeit

Problem B: Warum Geschäftsinhaber pleite sind - Schreckliche Angebote→ Lösung B: Sie brauchen ein Grand-Slam-Angebot

Wie man ein Grand-Slam-Angebot erstellt:

Problem Nr. 1: Sie verkaufen eine Ware→ Lösung Nr. 1: Heben Sie sich ab

Problem Nr. 2: Sie haben schlechte Kunden→ Lösung Nr. 2: Suchen Sie sich eine hungrige Menge

Problem Nr. 3: Ihre Preise sind zu niedrig, um Geld zu verdienen→ Lösung Nr. 3: Premium-Preise verlangen

Problem Nr. 4: Ihre Sache ist nicht wertvoll→ Lösung Nr. 4: Machen Sie sie wertvoll

Problem Nr. 5: Sie bieten die falsche Lösung an→ Lösung Nr. 5: Bieten Sie die richtige Lösung an

Problem Nr. 6: Sie lösen die falschen Probleme→ Lösung Nr. 6: Lösen Sie die richtigen Probleme

Angebots-Verstärker

Die Komponenten

Problem Nr. 7: Die Leute kaufen nicht→ Lösung Nr. 7: Sorgen Sie für Knappheit

Problem Nr. 8: Die Leute kaufen immer noch nicht→ Lösung Nr. 8: Sorgen sie für Dringlichkeit

Problem Nr. 9: Die Leute kaufen immer noch nicht→ Lösung Nr. 9: Fügen Sie Boni hinzu

Problem Nr. 10: Die Leute kaufen immer noch nicht→ Lösung Nr. 10: Fügen Sie Garantien hinzu

Problem Nr. 11: Die falschen Leute kaufen→ Lösung Nr. 11: Ändern Sie den Namen

Problem Nr. 12: Nichts passiert→ Lösung Nr. 12: Sorgen Sie dafür, dass es passiert

Ausführen

Am Ende dieses Arbeitsbuchs werde ich alle 12 Probleme mit Ihrem aktuellen Angebot lösen. Gemeinsam verwandeln wir es in ein Grand-Slam-Angebot. Das wird dazu führen, dass eimerweise Geld mit zunehmender Häufigkeit und Intensität auf Sie niederprasselt.

Lassen Sie uns loslegen.

INHALT

EINLEITUNG

„Überdurchschnittliche Renditen ergeben sich oft aus Wetten gegen die konventionelle Weisheit, und die konventionelle Weisheit liegt in der Regel richtig. Bei einer 10-prozentigen Chance auf eine 100-fache Auszahlung sollten Sie diese Wette jedes Mal eingehen. Aber in neun von zehn Fällen werden Sie trotzdem falsch liegen. Wir alle wissen, dass man, wenn man den Ball ins Aus schlägt, zwar viele Strikes, aber auch einige Homeruns erzielen wird. Der Unterschied zwischen Baseball und Wirtschaft besteht jedoch darin, dass die Verteilung der Ergebnisse beim Baseball verkürzt ist. Wenn Sie einen Schlag ausführen, können Sie höchstens vier Runs erzielen, egal wie gut Sie den Ball treffen. In der Wirtschaft können Sie hin und wieder 1.000 Runs erzielen, wenn Sie auf dem Platz stehen. Diese langgestreckte Verteilung der Erträge ist der Grund, warum es wichtig ist, mutig zu sein. Große Gewinner zahlen für so viele Experimente.“

— **Jeff Bezos**

Als Unternehmer schließen wir jeden Tag Wetten ab. Wir sind Glücksspieler - wir setzen unser hart verdientes Geld für Arbeit, Waren, Miete, Marketing usw. ein und hoffen dabei auf einen höheren Gewinn. Oftmals verlieren wir. Aber manchmal gewinnen wir auch, und zwar GROSS. Es gibt jedoch einen Unterschied zwischen Glücksspielen in der Wirtschaft und Glücksspielen in einem Kasino. In einem Kasino stehen die Chancen gegen Sie. Mit etwas Geschick kann man sie zwar verbessern, aber man kann niemals dauerhaft gewinnen. Im Gegensatz dazu können Sie im Geschäftsleben Ihre Fähigkeiten verbessern, um die Gewinnchancen zu Ihren Gunsten zu verändern. Einfach ausgedrückt: Mit genügend Geschick können Sie selbst das Haus werden.

Nachdem ich eine Reihe von Büchern über Akquise begonnen hatte, wurde mir klar, dass ich über kein anderes Thema sprechen konnte, ohne zuerst *das Angebot* anzusprechen: Das Angebot ist der Ausgangspunkt eines jeden Gesprächs, um eine Transaktion mit einem Kunden einzuleiten. Was Sie ihm buchstäblich im Austausch für sein Geld *geben*. Damit fängt alles an.

In diesem Buch geht es darum, wie man profitable Angebote macht. Konkret geht es darum, wie man mit einer Kombination aus Preis-, Wert-, Garantie- und Benennungsstrategien Werbegelder *verlässlich* in (enorme) Gewinne verwandelt. Die richtige Kombination dieser Komponenten nenne ich: ein *Grand-Slam-Angebot*.

Ich habe diesen Begriff zum Teil als Hommage an das obige Zitat des Amazon-Gründers Jeff Bezos gewählt - und weil ein Grand-Slam-Angebot, wie ein Grand Slam im Baseball, sowohl sehr gut als auch sehr selten ist. Außerdem, um die Baseball-Metapher zu erweitern, erfordert ein Grand-Slam-Angebot nicht mehr Aufwand als ein Strike Out. Der Unterschied liegt in den Fähigkeiten des Vermarkters und darin, wie gut er sein Angebot mit den Wünschen seiner Zielgruppe verbindet. In der Geschäftswelt kann man mäßige Angebote machen: die „Singles" und „Doubles", die das Spiel am Laufen halten, die Rechnungen bezahlen und dafür sorgen, dass das Licht nicht ausgeht. Aber im Gegensatz zum Baseball, wo ein Grand Slam maximal vier Runs erzielt, kann ein Grand-Slam-Angebot in der Geschäftswelt das Tausendfache an Gewinn bringen und zu einer Welt führen, in der Sie nie wieder arbeiten müssen. Das wäre so, als würde man bei einem einzigen Schlag den Ball so gut treffen, dass man automatisch alle Weltmeisterschaften der nächsten hundert Jahre gewinnt.

Es bedarf jahrelanger Übung, um etwas so Kompliziertes wie einen Fastball aus der ersten Liga mühelos auf die Tribüne zu schlagen. Ihre Haltung, Ihre Sicht, Ihre Vorhersage, Ihre Ballgeschwindigkeit, Ihre Schlaggeschwindigkeit und Ihre Hüftstellung müssen alle perfekt sein. Im Marketing und bei der Kundenakquise (dem Prozess der Gewinnung neuer Kunden) gibt es ebenso viele Variablen, die alle zusammenpassen müssen, um den Ball wirklich „aus dem Feld zu schlagen". Aber mit genügend Übung und Geschick können Sie die wilde Welt der Akquise, in der Sie jeden Tag mit Curveballs konfrontiert werden, in ein Homerun-Derby verwandeln, bei dem Sie ein Angebot nach dem anderen aus dem Stadion schlagen. Für alle anderen wird Ihr Erfolg unglaublich aussehen. Aber für Sie wird er sich anfühlen wie „ein ganz normaler Arbeitstag". Die größten Schlagmänner aller Zeiten haben auch viele Strikeouts, genauso wie es in der Erfolgsbilanz großer Vermarkter viele gescheiterte Angebote gibt. Wir lernen Fähigkeiten durch Scheitern und Übung. Wir tun dies in dem Wissen, dass wir in neun von zehn Fällen falsch liegen werden. Trotzdem handeln wir mutig und hoffen auf das Angebot, das uns so gut gelingt, dass es uns den großen Gewinn einbringt.

Die gute Nachricht ist, dass man im Geschäftsleben nur *ein einziges* Grand-Slam-Angebot machen muss, um sich für immer in den Ruhestand zu verabschieden. Ich habe das in meinem Leben vier oder fünf Mal geschafft. Was meine Erfolgsbilanz betrifft, so habe ich in meiner gesamten beruflichen Laufbahn eine Rendite von 36:1 auf meine Werbeausgaben erzielt. Betrachten Sie dies als meinen lebenslangen „Schlagdurchschnitt", wenn Sie so wollen. Das bedeutet, dass ich für jeden 1 Dollar, den ich für Werbung ausgebe, 36 Dollar zurückbekomme, das sind 3600 % Rendite. Das ist mein *Durchschnitt* über acht Jahre. Und ich verbessere mich weiter.

Dieses Buch ist mein Versuch, diese Fähigkeit mit Ihnen zu teilen, wobei ich mich speziell auf den Aufbau von Grand-Slam-Angeboten konzentrieren werde, damit Sie den gleichen

Erfolg erleben können. Es ist auch das erste in einer Reihe von Büchern, die Unternehmern zu finanzieller Freiheit verhelfen sollen, in einfachen Worten: zu „Du kannst mich mal"-Geld. Die nachfolgenden Bücher dieser Reihe werden sich eingehender mit der Gewinnung von mehr Kunden, der Umwandlung von mehr Interessenten in Kunden, der Steigerung des Wertes dieser Kunden und anderen Lektionen befassen, die ich bei der Skalierung meiner Unternehmen gerne schon früher gelernt hätte.

Problem A: Warum kann Alex Ratschläge geben?
→ Lösung A: Vertrauenswürdigkeit und Glaubwürdigkeit

Glaubwürdigkeit

Als ich meine unternehmerische Karriere begann, musste ich auf dem Boden eines Fitnessstudios schlafen, weil ich nicht genug Geld für zwei Mieten besaß. Schließlich wuchs das Unternehmen auf 6 Standorte an. Dann verlor ich mein ganzes Geld beim ersten Mal mit einer schlechten Partnerschaft (die Geschichte finden Sie in *100 Millionen Dollar Angebote*). Dann habe ich wieder angefangen, und zwar mit einem Unternehmen, das Sanierungen für schlüsselfertige Fitnessstudios anbot. 32 Sanierungen in zwei Jahren. Die Dinge sahen gut aus, bis ich mein ganzes Geld ein zweites Mal durch ein Missgeschick bei der Abwicklung verlor (die Geschichte finden Sie in *100 Millionen Dollar Angebote*). Ja, ich habe *zweimal* mein ganzes Geld verloren. Ich weiß also, wie es ist, wenn man nichts hat und mit dem Rücken zur Wand steht. Ich bin in meiner Karriere mit neun Unternehmen gescheitert bzw. habe neun Geschäfte geschlossen, bevor ich mein erstes wirklich großes Unternehmen gegründet habe.

Vertrauenswürdigkeit

Mein erstes wirklich großes Unternehmen - Gym Launch - war ein Fitnessstudio-Lizenzierungsunternehmen. Wir bauten es auf über 5.000 Standorte aus. Ich verkaufte es (und sein Schwesterunternehmen Prestige Labs) im Alter von 31 Jahren für 46,2 Millionen Dollar. Vor dem Verkauf hatte ich ca. 40.000.000 Dollar an Eigentümergewinnen entnommen. Im Alter von 32 Jahren überschritt ich die Grenze von 100 Millionen Dollar Nettovermögen. Jetzt bin ich ein Investor mit einem Portfolio von Unternehmen, die 200.000.000 Dollar pro Jahr erwirtschaften.

Was mich in der Anfangszeit am Leben gehalten hat - und meine Unternehmen seither wachsen lässt - war und ist meine Fähigkeit, Grand-Slam-Angebote zu machen (das Thema dieses Arbeitsbuchs).

Zielsetzung

Mein Investmentportfolio ist mein Hauptberuf. Die Erstellung von Inhalten für Unternehmer ist mein Nebenerwerb. Ich mache die Inhalte, um Geschäftsinhaber zu gewinnen, damit ich in ihre Unternehmen investieren und ihnen beim Wachstum helfen kann. Normalerweise mache ich nur Geschäfte mit Unternehmen mit einem Jahresgewinn von mehr als 3.000.000 Dollar. Für alle anderen hoffe ich, dass diese Lektionen, die mich viel zu viel Schmerz gekostet haben, Ihr Leben verbessern werden.

Wenn Sie ein Unternehmen haben, gehen Sie zu <u>acquisition.com</u>, um zu sehen, ob wir Ihnen beim Wachstum helfen können.

Problem B: Warum Geschäftsinhaber pleite sind - Schreckliche Angebote → Lösung B: Grand-Slam-Angebote

Wie ich lernte, Grand-Slam-Angebote zu machen

Als ich 23 Jahre alt war, besuchte ich einen Wochenend-Workshop bei einem Business-Guru. Ich hatte noch nie ein Unternehmen geführt und auch kein Marketing betrieben. Ich wusste nicht, wie man Geld verdient. Als der Guru sah, wie verloren ich mich fühlte, rief er mich in der Pause zu sich. Er sagte: „Wollen Sie wissen, was das Geheimnis des Verkaufens ist ...?" Ich nickte und hörte aufmerksam zu: „Machen Sie den Leuten ein so gutes Angebot, dass sie sich dumm fühlen, wenn sie Nein sagen."

An diesem Punkt lernte ich, dass ich gewinnen konnte, wenn ich den Leuten einfach nur unglaubliche Angebote machte. Ich musste kein großartiger Vermarkter sein. Ich musste auch kein hervorragender Verkäufer sein. Ich konnte einfach unglaubliche Angebote machen – für diese habe ich den Begriff „Grand-Slam-Angebote" geprägt - und damit Geld verdienen.

> Mach den Leuten ein so gutes Angebot,
> DASS SIE SICH DUMM FÜHLEN, WENN SIE NEIN SAGEN.

Was ist überhaupt ein Angebot?

Die einzige Möglichkeit, Geschäfte zu machen, ist ein Wertetausch, ein Austausch von Dollar gegen Wert. Das Angebot ist die Grundlage für diesen Handel. Kurz gesagt, das Angebot besteht aus den Waren und Dienstleistungen, die Sie bereit sind zu liefern oder zu erbringen, der Art und Weise, wie Sie die Zahlung erhalten, und den Bedingungen der Vereinbarung. Mit dem Angebot beginnt der Prozess der Kundengewinnung und des Geldverdienens. Es ist das Erste, womit ein neuer Kunde Ihres Unternehmens in Berührung kommt. Da das Angebot neue Kunden anlockt, ist es das Lebenselixier Ihres Unternehmens.

Die zwei Hauptprobleme, vor denen die meisten Unternehmer stehen, und wie dieses Buch sie löst

Obwohl man die Liste der Probleme, mit denen man konfrontiert ist, kilometerlang machen *kann*, was eine großartige Methode ist, um sich selbst zu stressen, stammen all diese Probleme typischerweise von zwei großen Kahunas:

1) Nicht genug Kunden

2) Nicht genug Bargeld (überschüssiger Gewinn am Ende des Monats)

Ein Grand-Slam-Angebot löst beide Probleme. Sie erhalten mehr Leads, mehr Verkäufe, zu höheren Preisen, mit noch höheren Gewinnen. Kurz gesagt, wenn jeder Ihr super wertvolles Produkt haben will, dann werden Sie viele Leute dazu bringen, ihr Geld dafür auszugeben, um es zu bekommen. Das lohnt sich wesentlich mehr als das Feilschen um Pfennige mit wenigen Leuten, die nicht wollen, was Sie haben. Besser, oder? Richtig.

Damit ist die Einleitung abgeschlossen. Jetzt gehen wir auf die Probleme und Lösungen ein, die die meisten Unternehmen mit ihren Angeboten haben.

WIE MAN EIN GRAND-SLAM-ANGEBOT ERSTELLT

Problem Nr. 1: Sie verkaufen eine Ware → Lösung Nr. 1: Heben Sie sich ab

„Anders denken.“
– **Steve Jobs**

Wertorientierte vs. preisorientierte Einkäufe

Ein Grand-Slam-Angebot hilft bei allen *drei* Voraussetzungen für Wachstum: mehr Kunden zu gewinnen, sie dazu zu bringen, mehr zu bezahlen, und sie dazu zu bringen, dies öfter zu tun.

Und wie? Es ermöglicht Ihnen, sich vom Markt abzuheben. Mit anderen Worten: Sie können Ihr Produkt auf der Grundlage des WERTES und nicht des PREISES verkaufen.

Kommerzialisiert = Preisgesteuerte Einkäufe (Wettlauf nach unten)

Differenziert = Wertorientierte Einkäufe (Verkauf in einer Kategorie ohne Vergleich. Ja, der Markt spielt eine Rolle, worauf ich im nächsten Kapitel eingehen werde.)

Eine Ware, wie ich sie definiere, ist *ein Produkt, das an vielen Orten erhältlich ist.* Aus diesem Grund ist es anfällig für Käufe, die auf dem „Preis" und nicht auf dem „Wert" basieren. Wenn alle Produkte „gleich" sind, dann ist das billigste Produkt standardmäßig das wertvollste. Mit anderen Worten: Wenn ein potenzieller Kunde Ihr Produkt mit einem anderen vergleicht und denkt: „Die sind ziemlich gleich, ich kaufe das billigere", dann hat er Sie zur Ware gemacht. Wie peinlich! Aber wirklich ... das ist eine der schlimmsten Erfahrungen, die ein wertorientierter Unternehmer machen kann.

Dies ist ein massives Problem für den Unternehmer, weil Waren am Punkt der Markteffizienz bewertet werden. Das bedeutet, dass der Markt den Preis durch den Wettbewerb so weit nach unten treibt, bis die Gewinnspanne *gerade* ausreicht, um das Licht am Brennen zu halten: „Gerade genug", um Sklave seines Unternehmens zu werden. Das Unternehmen erwirtschaftet „gerade genug", um zu rechtfertigen, dass der Eigentümer ängstlich darauf wartet, dass sich die Dinge „zum Guten wenden", und wenn diese Lüge realisiert wird, steckt er zu tief drin, um sich umzuorientieren (zumindest bis jetzt).

Ein Grand-Slam-Angebot löst dieses Problem.

Übung Nr. 1: Preis- vs. wertorientierte Käufe

Kreisen Sie den Buchstaben P oder W ein, um anzugeben, ob es sich um einen preisorientierten Kauf (P) oder einen wertorientierten Kauf (W) handelt:

- Sie sehen sich verschiedene Nahrungsergänzungsmittelmarken auf Amazon an (P / W)
- Sie erhalten eine E-Mail mit einem Angebot, an das Sie nicht gedacht haben, das Sie aber jetzt haben möchten (P / W)
- Ein Vertreter will Ihnen an der Tür Solaranlagen verkaufen (P / W)
- Im Supermarkt schauen Sie sich Milch verschiedener Marken an (P / W)
- Sie rufen mehrere Werbeagenturen an, um deren Preise zu erfahren (P / W)
- Sie kaufen Benzin an der Tankstelle (P / W)
- Sie buchen ein exklusives Honeymoon-Hotel, nachdem Sie eine entsprechende Werbeanzeige gesehen haben (P / W)

Was ändert ein Grand-Slam-Angebot?

Beginnen wir mit der Definition eines Grand-Slam-Angebots.

Es ist ein Angebot, das Sie dem Markt präsentieren und das mit keinem anderen verfügbaren Produkt und keiner anderen Dienstleistung vergleichbar ist. Dies erzwingt eine wertorientierte *statt einer* preisorientierten Kaufentscheidung.

Es kombiniert eine attraktive Werbeaktion, ein unvergleichliches Leistungsversprechen, einen Premium-Preis und eine unschlagbare Garantie mit einem Geldmodell (Zahlungsbedingungen), das es Ihnen ermöglicht, für die Gewinnung neuer Kunden *bezahlt zu werden* ... und das die Bargeldbeschränkung für das Geschäftswachstum für immer beseitigt.

Mit anderen Worten: Sie können in einer „Einer-Kategorie" verkaufen, oder, um eine andere großartige Formulierung zu verwenden, „in einem Vakuum verkaufen". Die daraus resultierende Kaufentscheidung des potenziellen Kunden besteht nun zwischen Ihrem Produkt *und nichts*. Sie können also zu dem Preis verkaufen, den der potenzielle Kunde wahrnimmt, und nicht im Vergleich zu etwas Anderem. Dadurch erhalten Sie mehr Kunden zu höheren Preisen für weniger Geld. Wenn Sie ausgefallene Marketingbegriffe mögen, lässt sich das folgendermaßen zusammenfassen:

1) Erhöhte Antwortquoten (denken Sie an Klicks)

2) Gesteigerte Konversion (denken Sie an Verkäufe)

3) Premium-Preise (denken Sie daran, viel Geld zu verlangen)

Mit einem Grand-Slam-Angebot erhöhen Sie die Reaktionsrate auf Ihre Anzeigen (d. h. mehr Menschen klicken auf eine Anzeige, die ein Grand-Slam-Angebot enthält, oder führen eine Aktion aus).

Wenn Sie den gleichen Betrag für die Aufmerksamkeit zahlen, aber 1) mehr Menschen reagieren, 2) mehr von diesen Reaktionen kaufen und 3) sie zu höheren Preisen kaufen, wächst Ihr Geschäft.

Hier ist die wichtigste Erkenntnis aus alldem: Ein Unternehmen macht in beiden Fällen die *gleiche* Arbeit (mit einem Standard- oder mit einem Grand-Slam-Angebot). Die Erfüllung ist die gleiche. Wenn jedoch ein Unternehmen ein Grand-Slam-Angebot und ein anderes ein „Standard"-Angebot verwendet, lässt das Grand-Slam-Angebot das Unternehmen so erscheinen, als hätte es ein völlig anderes Produkt - und das bedeutet, dass der Kauf wertorientiert und nicht preisorientiert ist.

Wenn Sie ein „Waren"-Angebot haben, konkurrieren Sie über den Preis (mit einem preisgesteuerten Kauf gegenüber einem wertgesteuerten Kauf). Ihr Grand-Slam-Angebot zwingt den Interessenten jedoch dazu, innezuhalten und *anders zu denken*, um den Wert Ihres differenzierten Produkts zu bewerten. Dadurch werden Sie als eigene Kategorie etabliert, was bedeutet, dass es zu schwierig ist, Preise zu vergleichen, was wiederum bedeutet, dass *Sie* den Wertmesser des potenziellen Kunden neu kalibrieren.

Übung Nr. 2: Welche Auswirkungen hat ein neues Angebot?

Kreuzen Sie die Unternehmensfunktionen an, die von einem neuen Angebot betroffen sind:

- ☐ Preis
- ☐ Buchhaltung
- ☐ Werbung
- ☐ Verkauf
- ☐ Personalwesen

Fallstudie aus dem wirklichen Leben: Grand-Slam-Angebot - vorher und nachher (überspringen Sie den Abschnitt, wenn Sie unter Zeitdruck stehen)

Hintergrundgeschichte in drei Sätzen . . . Wir besitzen ein Softwareunternehmen, das Werbeagenturen nutzen, um Leads für ihre Kunden zu generieren. Mit unserer Software verwandeln Agenturen ihr Angebot von einem Standardangebot an Lead-Generierungsdiensten in ein Grand-Slam-Angebot von „Pay for Performance" (Bezahlung für Leistung). Lassen Sie mich Ihnen zeigen, welchen multiplikativen Effekt dies auf die Einnahmen des Unternehmens hat.

Diese Werte sind zwar zur Veranschaulichung gerundet, basieren aber auf den realen Zahlen, die eine Lead-Generierungs-Agentur, die Dienstleistungen an stationäre Unternehmen verkauft, erfährt.

Alter Standardisierter Weg (preisgetrieben) - Wettlauf nach unten

Standardisiertes Angebot: 1.000 Dollar Anzahlung, dann 1.000 $/Monat Vorschuss für Agenturleistungen

Metrik	Handelswaren	Grand Slam	Erläuterung
Ausgaben für Werbung	$10.000		Für Werbung ausgegebene Dollars
Erzielte Eindrücke	300.000		Durch Werbung erzielte Aufrufe
Antwortquote	0,00013		Prozentsatz der Personen, die einen Termin buchen Klickrate [oder CTR] x % der Anmeldungen)
Gebuchte Termine	40		Anzahl der daraufhin gebuchten Angebote
Buchungsrate	75%		Prozentsatz der Personen, die einen Termin buchen
Tatsächliche Anwesenheit	30		Anzahl der Personen, die an dem Termin teilnehmen
% der Abschlüsse	16%		% der Personen, die kaufen
Abgeschlossene Termine	5		Anzahl der Käufer
Preis	$1.000		Ursprünglicher Betrag, der für die Aufnahme des Dienstes gezahlt wurde
Summe	$5.000		Gesamtbetrag der erhaltenen Anzahlung
ROAS (RDWV)	0,5 : 1		Rentabilität der Werbeinvestition (ROAS)

Aufschlüsselung: Bei einer Rendite von 0,5 zu 1 auf die Werbeausgaben verlieren Sie Geld bei der Kundengewinnung. Aber in 30 Tagen zahlen diese 5 Kunden jeweils weitere 1.000 Dollar, so dass Sie insgesamt 10.000 Dollar einnehmen und die Gewinnschwelle erreichen. Im nächsten Monat wären die eingenommenen 5.000 Dollar Ihr erster rentabler Monat, und jeder weitere Monat wäre rentabel (vorausgesetzt, alle Kunden bleiben).

Dies ist ein Beispiel für eine standardisierte Dienstleistung - normale Agenturarbeit. Es gibt eine Million davon, und sie sehen alle gleich aus. Standardisierte Unternehmen und Angebote haben es schwerer, Antworten auf Anzeigen zu erhalten, weil ihr gesamtes Marketing genauso aussieht wie das aller anderen.

Hinweis: Es sieht alles gleich aus, weil sie alle das gleiche Angebot machen.

Sie bezahlen uns, dass wir die Arbeit machen.

Wir machen die Arbeit.

Vielleicht erhalten Sie Ergebnisse von dieser Arbeit. Vielleicht auch nicht.

Das ist vernünftig, aber es lässt sich leicht duplizieren (und unterliegt der Kommerzialisierung). *Diese Kommerzialisierung führt zu einem preisgesteuerten Kauf . . .*

Sie sind gezwungen, einen „wettbewerbsfähigen" Preis zu bieten, um Kunden zu gewinnen, und diesen Preis zu *halten*, um die Kunden zu halten. Wenn der Kunde eine billigere Version der „gleichen Sache" sieht, wird ihn die Wertdiskrepanz dazu veranlassen, den Anbieter zu wechseln. Das ist ein Dilemma ... entweder verlieren Sie diesen Kunden, den Rest Ihrer Kunden und potenzielle Kunden, oder Sie bleiben „wettbewerbsfähig". Ihre Gewinnspannen werden so gering, dass sie *verschwinden*.

Außerdem ist es schwer, potenzielle Kunden dazu zu bringen, „Ja" zu sagen (und sie dazu zu bringen, *weiterhin* Ja zu sagen), wenn Sie nicht darauf achten, dass Ihre Kunden Ihr Geschäft zu einem Massenprodukt machen, indem Sie „wettbewerbsfähig" bleiben. Und genau das ist das Problem mit der alten, standardisierten Methode. Kunden sind in der Lage zu vergleichen. Wenn Sie nicht zu einem Grand-Slam-Angebot wechseln, werden Ihre Preise immer weiter nach unten gedrückt. Das Geschäft stirbt schließlich, oder der Unternehmer wirft das Handtuch. No bueno.

Wir wollen ein Angebot machen, das so anders ist, dass Sie sich die umständliche Erklärung sparen können, warum Ihr Produkt anders ist als das aller anderen (wenn sie danach fragen müssen, sind sie wahrscheinlich zu unwissend, um die Erklärung zu verstehen), und stattdessen einfach das Angebot diese Arbeit für Sie erledigen lassen. Das ist der Weg des Grand-Slam-Angebots.

Lassen Sie uns eintauchen und den Kontrast in den Verkaufszahlen sehen.

Neue Grand-Slam-Angebotsart (differenziert, unvergleichbar) (wertorientiert)

Grand-Slam-Angebot: Einmalige Zahlung. (Keine wiederkehrende Gebühr. Kein Vorschuss.) Decken Sie nur die Werbeausgaben. Ich werde Leads generieren und Ihre Leads für Sie arbeiten lassen. Und Sie bezahlen mich nur, wenn die Leute kommen. Und ich garantiere Ihnen, dass Sie im ersten Monat 20 Kunden bekommen, oder Sie erhalten den nächsten Monat gratis. Außerdem stelle ich Ihnen alle bewährten Verfahren von anderen Unternehmen wie Ihrem zur Verfügung.

- Tägliches Verkaufscoaching für Ihre Mitarbeiter
- Getestete Skripte
- Getestete Preispunkte und Angebote zum Durchziehen und Bereitstellen
- Verkaufsaufzeichnungen

. . . und alles andere, was Sie brauchen, um zu verkaufen und Ihre Kunden zufrieden zu stellen. Ich gebe Ihnen das gesamte Spielbuch für (Branche einfügen), absolut kostenlos nur dafür, dass Sie Kunde werden.

Kurz gesagt, ich bringe Menschen zu Ihrem Unternehmen und zeige Ihnen genau, wie Sie diese zum Kauf bewegen können, sodass Sie die höchsten Preise erzielen, was bedeutet, dass Sie das meiste Geld verdienen ... Klingt das fair?

Es ist klar, dass dies drastisch unterschiedliche Angebote sind ... aber was soll's? Wo ist das *Geld*!? Vergleichen wir beide in der folgenden Tabelle.

Metrik	Handelswaren	Grand Slam	Unterschied/ Differenz
Werbeausgaben	$10.000	$10.000	Unverändert
Erreichte Impressionen	300.000	300.000	Unverändert
Rücklaufquote	0,00013	0,00033	**x2,5 Reaktion (attraktiver, daher reaktionsfreudiger)**
Gebuchte Termine	40	100	Ergebnis
Buchungsrate	75%	75%	Unverändert
Tatsächliche Anwesenheit	30	75	Ergebnis
% der Abschlüsse	16%	37%	**Abschluss x2.3 (mehr Wert, daher mehr Käufe)**
Abgeschlossene Termine	5	28	Ergebnis
Preis	$1.000	$3.997	**Preis x4 (einmaliger vs. wiederkehrender Tarif)**
Summe	$5.000	$112.000	**Angerechnete Anfangszahlung x22,4**
ROAS	0,5 : 1	11,2 : 1	**Gebühren für die Kundenwerbung**

Aufschlüsselung: Sie geben den gleichen Betrag für die gleiche Anzahl von Besuchern aus. Dann reagieren 2,5-mal mehr Menschen auf Ihre Anzeige, weil das Angebot überzeugender ist. Danach schließen Sie 2,5-mal so viele Verträge ab, weil das Angebot so viel überzeugender ist. Von da an können Sie einen 4-mal höheren Preis im Voraus verlangen. Das Endergebnis ist 2,5 x 2,5 x 4 = 22,4mal mehr Geld im Voraus. Ja, Sie haben 10.000 Dollar ausgegeben, um 112.000 Dollar zu verdienen. Sie haben gerade *Geld verdient*, indem Sie neue Kunden gewannen.

Vergleich: Erinnern Sie sich noch an die alte Methode, bei der Sie die Hälfte der Werbeausgaben im Voraus verloren haben? Mit der neuen Methode verdienen Sie *mehr* Geld und *bekommen* mehr Kunden. Das bedeutet, dass Ihre Kosten für die Kundenakquise so niedrig sind (im Verhältnis zu Ihrem Umsatz), dass Ihr limitierender Faktor Ihre Fähigkeit wird, die Arbeit zu erledigen, die Sie ohnehin schon gerne tun. Der Cashflow und die Kundenakquise sind nicht mehr Ihr Engpass, denn es ist 22,4-mal profitabler als das alte Modell. Jawohl. Sie haben das richtig gelesen. Dies ist die Stelle in einem Actionfilm, an der Sie in Zeitlupe von einer Explosion weglaufen.

Dies ist genau das Grand-Slam-Angebot, das wir bei unserem Softwareunternehmen für Agenturen verwendet haben. Die Zahlen können schnell rasant werden. Ich weiß, 22,4-mal besser klingt unvernünftig, aber das ist der Punkt. Wenn Sie das gleiche Spiel wie alle anderen spielen, werden Sie die gleichen Ergebnisse erzielen wie alle anderen (mittelmäßig).

Wenn man das richtigmacht, sind die Ergebnisse, nun ja … unglaublich.

Zusammenfassende Punkte

- Das Problem, das sich aus der Standardisierung und dem Umstand ergibt, wie alle anderen zu sein

- Preisorientierte Kaufentscheidungen vs. wertorientierte Kaufentscheidungen

- Der Wert eines Grand-Slam-Angebots besteht darin, dass man nicht mit anderen Angeboten auf dem Markt verglichen wird

- Auswirkungen eines Grand-Slam-Angebots in der realen Welt

GRATISGESCHENK Nr. 1 BONUS-TUTORIAL: „HIER BEGINNEN"

Wenn Sie tiefer eintauchen möchten, gehen Sie zu **Acquisition.com/training/offers** und sehen Sie sich das erste Video des kostenlosen Kurses an (mit mir in der Hauptrolle), in dem ich zeige, wie ich Angebote in Unternehmen, die ich berate, differenziere und sie dazu bringe, Premium-Preise zu verlangen. Ich habe auch einige kostenlose SOPs/ Cheat Codes für Sie erstellt, die Sie verwenden können, damit Sie sie schneller umsetzen können. Sie können den QR-Code auch scannen, wenn Sie nicht gerne tippen. Es ist absolut kostenlos. Viel Spaß.

Problem Nr. 2: Schlechte Kunden
→ Lösung Nr. 2: Eine hungrige Menge

Der Samen, der auf guten Boden gefallen ist, steht für diejenigen, die Gottes Wort wirklich hören und verstehen und eine dreißig-, sechzig- oder sogar hundertfache Ernte einbringen, als gepflanzt wurde!
– Matthäus 13:23 (NLT)

Ein großartiges Angebot, das dem falschen Publikum präsentiert wird, stößt auf taube Ohren. Andererseits kann man, wenn man den richtigen Markt erwischt, alles andere falsch machen und trotzdem Geld verdienen. In diesem Kapitel geht es darum, wie man den richtigen Markt auswählt.

Halbseitenlange Geschichte

Ein Marketing-Professor fragte seine Studenten: „Wenn Sie einen Hotdog-Stand eröffnen würden und nur einen einzigen Vorteil gegenüber Ihren Mitbewerbern hätten ... welcher wäre das?"

„Standort! ... Qualität! ... Niedrige Preise! ... Bester Geschmack!"

Die Studenten machten weiter, bis ihnen schließlich die Antworten ausgingen. Sie sahen sich gegenseitig an und warteten darauf, dass der Professor das Wort ergriff. Schließlich wurde es still im Raum.

Der Professor lächelte und antwortete: *„Eine hungrige Menge."*

Sie können die schlechtesten Hotdogs haben, schreckliche Preise und einen grauenhaften Standort, aber wenn Sie der einzige Hotdog-Stand in der Stadt sind und das örtliche College-Football-Spiel ausbricht, werden Sie ausverkauft sein. Das ist der Wert einer hungrigen Menge.

Wenn es eine riesige Nachfrage nach einer Lösung gibt, kann man mittelmäßig im Geschäft sein, ein grauenhaftes Angebot haben und nicht in der Lage sein, die Leute zu überzeugen, und man kann *trotzdem* Geld verdienen.

Ein Beispiel dafür war der Mangel an Toilettenpapier zu Beginn von Covid-19. Es gab kein Angebot. Die Preise waren haarsträubend. Und es gab kein überzeugendes Verkaufsargument. Aber weil die Menge so groß und so hungrig war, wurden Rollen Toilettenpapier für 100 Dollar und mehr verkauft. Das ist der Wert einer hungrigen Menge.

Fallstudie: Verkaufen von Zeitungen

Beispiel für einen schlechten Kunden: Einer meiner Freunde, Lloyd, besaß ein Softwareunternehmen, das Print-Werbeprodukte für Zeitungen in digitale Anzeigen umwandelte. Er modernisierte ein altes Geschäftsfeld. Obwohl er ein großartiger Unternehmer war, hatte er große Mühe, sein Unternehmen zu vergrößern. Der Hauptgrund: Die Zeitungsindustrie schrumpfte um 25 Prozent pro Jahr! Egal wie gut Sie sind, der Markt ist immer der stärkste Hebel für Ihren Erfolg.

Beispiel für eine hungrige Menge: Auf der anderen Seite haben Sie, selbst wenn Sie ein schrecklich schlechter, unfähiger Unternehmer sind, Geld verdient, wenn Sie während der COVID-Pandemie Toilettenpapier verkauft haben.

Hauptpunkt: Ihr Markt ist entscheidend.

Wie wählt man also den richtigen Markt aus?

Worauf ich bei einem Markt achte

Um etwas zu verkaufen, brauchen Sie eine Nachfrage. Wir versuchen nicht, Nachfrage zu *schaffen*. Wir versuchen, sie zu *kanalisieren*. Das ist ein sehr wichtiger Unterschied. Wenn Sie keinen Markt für Ihr Angebot haben, wird nichts von dem, was folgt, funktionieren.

Dieses gesamte Buch basiert auf der Annahme, dass Sie zumindest einen „normalen" Markt haben, den ich als einen Markt definiere, der mit der gleichen Rate wächst wie der Gesamtmarkt.

Davon abgesehen ist es ein Vorteil, einen großen Markt zu haben. <u>Aber man kann auch in einem normalen Markt mit durchschnittlichem Wachstum wahnsinnig viel Geld machen.</u> Jeder Markt, in dem ich bisher tätig war, war ein normaler Markt. Sie wollen nur *kein* Eis an Eskimos verkaufen.

Hier sind die vier Grundprinzipien, auf die ich bei den Märkten achte:

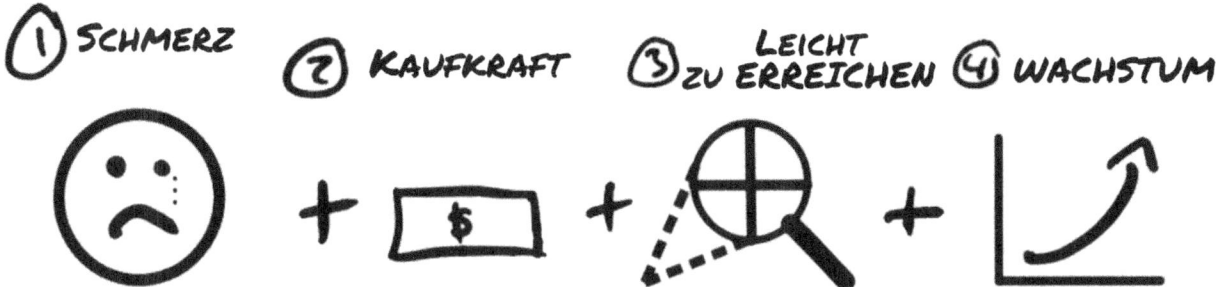

1) Massive Schmerzen

Schmerz kann alles sein, was Menschen in ihrem Leben frustriert. Pleite zu sein ist schmerzhaft. Eine schlechte Ehe ist schmerzhaft. Das Warten in der Schlange im Supermarkt ist schmerzhaft. Rückenschmerzen ... Schmerzen wegen eines hässlichen Lächelns ... Schmerzen wegen Übergewicht ... Der Mensch leidet viel. Für uns Unternehmer gibt es also unendlich viele Möglichkeiten.

Das Ausmaß des Schmerzes ist proportional zu dem Preis, den Sie verlangen können (mehr dazu im Kapitel Wertgleichung). Wenn die Leute die Lösung für ihren Schmerz hören, und umgekehrt erfahren, wie ihr Leben *ohne* diesen Schmerz aussehen würde, sollten sie sich von Ihrer Lösung angezogen fühlen.

Ein Interessent muss ein schmerzhaftes Problem haben, damit wir es lösen und Geld für unsere Lösung verlangen können.

2) Kaufkraft

Ein Freund von mir hatte ein sehr gutes System, um Menschen dabei zu helfen, ihre Lebensläufe zu verbessern, um mehr Vorstellungsgespräche zu bekommen. Er war großartig darin. Aber so sehr er sich auch bemühte, er konnte die Leute einfach nicht dazu bringen, für seine Dienste zu bezahlen. Und warum? Weil sie alle arbeitslos waren!

Auch dies mag offensichtlich erscheinen. Aber er dachte: *„Diese Leute sind leicht zu erreichen. Sie leiden unter massiven Schmerzen. Es gibt viele von ihnen, und es kommen ständig neue Leute hinzu. Das ist ein großartiger Markt!"*

Er vergaß nur einen entscheidenden Punkt: <u>Ihre Zielgruppe muss sich die Dienstleistung, die Sie für sie in Rechnung stellen, auch leisten können.</u> Vergewissern Sie sich, dass Ihre Zielgruppen das Geld oder den Zugang zu dem Geldbetrag haben, den sie benötigen, um Ihre Dienstleistungen zu den Preisen zu kaufen, die Sie verlangen, damit sich Ihre Zeit lohnt.

3) Leicht zu erreichen

Sie müssen in der Lage sein, Ihre idealen Kunden anzusprechen. Sie könnten zum Beispiel reiche Ärzte ansprechen *wollen*. Wenn Ihre Anzeigen jedoch an Krankenpflegeschüler gerichtet sind, wird Ihr Angebot auf taube Ohren stoßen, egal wie gut es ist.

<u>Wenn ich zwischen zwei Märkten wählen muss, entscheide ich mich für den Markt, auf dem ich leichter Werbung machen kann.</u>

4) Wachstum

Wachsende Märkte sind wie Rückenwind. Sie lassen alles schneller voranschreiten. Rückläufige Märkte sind wie Gegenwind. Sie machen alle Anstrengungen schwieriger. Finden Sie einen Markt, der bereits wächst, und Sie werden schneller wachsen, als Sie es sonst tun würden, wenn Sie nur daran teilnehmen.

Beispiel: Während ich diesen Text schreibe, haben mehr Menschen als je zuvor mit mangelnder Fertilität zu kämpfen. Ein Unternehmen, das dieses Problem löst, hat bessere Chancen als eines, das auf einen schrumpfenden Markt - wie Zeitungen - abzielt.

Übung Nr. 3: Was macht einen Markt zu einem guten Markt?

Kreuzen Sie alle Variablen an, die bei der Auswahl eines Marktes eine Rolle spielen.

- ☐ Technologie
- ☐ Wachstumsrate
- ☐ Verfügbares Einkommen
- ☐ Auffindbarkeit auf Plattformen
- ☐ Bedarf an dem Produkt
- ☐ Team
- ☐ Denkweise

Wie wichtig ist das? Drei Hebel zum Erfolg

Es ist unwahrscheinlich, dass Sie sich in einem sterbenden Markt befinden, wie im Beispiel der Zeitung. Es ist auch unwahrscheinlich, dass Sie Toilettenpapier während COVID (Kaufrausch) verkaufen werden. Sie werden sich wahrscheinlich in einem „normalen" Markt befinden. Und das ist völlig in Ordnung. In normalen Märkten lässt sich ein Vermögen machen. Mein einziger Punkt hier ist, dass Sie sich nicht in einem „schlechten" Markt befinden dürfen, sonst wird nichts funktionieren. Davon abgesehen ist dies die einfachste Veranschaulichung der Reihenfolge der Wichtigkeit von Märkten, Angeboten und Überzeugungskraft:

Hungrige Menge (Markt) > Angebotsstärke > Überzeugungsfähigkeiten

Bei dieser Idee geht es um drei Dinge, die beim Verkauf wichtig sind:

1) Die Menschen, an die Sie verkaufen (Markt)

2) Was Sie verkaufen (Angebot)

3) Wie gut Sie Menschen überzeugen können (Überzeugungskraft).

1. **Wenn Sie auf einem großartigen Markt verkaufen**: Es ist, als würde man einem Haufen hungriger Menschen Snacks verkaufen. Selbst wenn das, was Sie verkaufen, nicht gerade großartig ist und Sie nicht unbedingt der Beste darin sind, die Leute zum Kauf zu bewegen, werden Sie wahrscheinlich trotzdem eine Menge verkaufen, weil die Leute das, was Sie haben, wirklich wollen.

2. **Ein normaler Markt, aber Sie haben etwas Großartiges zu verkaufen**: Wenn Sie etwas wirklich Cooles oder Nützliches verkaufen, können Sie eine Menge Geld verdienen, auch wenn Sie nicht der Beste sind, wenn es darum geht, Leute zu überzeugen, und der Markt nur okay ist.

3. **Ein normaler Markt und eine normale Sache zum Verkaufen, aber Sie sind großartig darin, Menschen von etwas zu** überzeugen**: Wenn Sie wirklich gut darin sind, Menschen zu etwas zu überreden/von etwas zu überzeugen, können Sie immer noch gut abschneiden, selbst wenn das, was Sie verkaufen, und die Menschen, an die Sie verkaufen, nur durchschnittlich sind. Aber dieser Weg ist schwieriger und erfordert mehr Arbeit.

<u>Fazit:</u> Es ist am besten, zuerst einen wirklich guten Markt zu finden, dann sicherzustellen, dass das, was Sie verkaufen, großartig ist, und schließlich auch gut darin zu sein, Menschen davon zu überzeugen, es zu kaufen. Jeder Teil ist wichtig, aber einige sind wichtiger als andere.

Übung Nr. 4: Was ist am wichtigsten?

Ordnen Sie die folgenden Punkte in der Reihenfolge ihrer Bedeutung von 1 bis 3.

_____ Marketing- und Verkaufsfähigkeiten

_____ Angebotsstärke

_____ Angebot - Nachfrage

Wenn Sie Ihre Nische gewählt haben, bleiben Sie dabei und hängen Sie sich rein

Allzu oft probieren neue Unternehmer halbherzig *ein* Angebot in *einem* Markt aus, machen damit keine Million Dollar und denken dann fälschlicherweise: „Das ist ein schlechter Markt." Meistens ist das aber gar nicht der Fall. Sie haben nur noch kein Grand-Slam-Angebot gefunden, das sie auf diesen Markt anwenden können.

Sie denken: *„Ich wechsle von der Hilfe für Zahnärzte zur Hilfe für Chiropraktiker - das war's!"* In Wirklichkeit sind beides normale Märkte, die Milliarden von Dollar einbringen. Jeder von beiden würde funktionieren, *nur nicht beide zugleich.* Sie müssen sich für einen entscheiden. Also, entscheiden Sie sich, bleiben Sie dabei und hängen Sie sich rein.

Der Reichtum liegt in den Nischen

Der andere Grund, sich auf eine Nische festzulegen, ist der, dass Sie viel mehr verdienen werden. Einfach ausgedrückt: Wenn Sie sich auf eine Nische beschränken, werden Sie viel mehr Geld verdienen.

> **Anmerkung des Autors:** Wenn Sie bereits einen Umsatz von mehr als 10 Millionen Dollar pro Jahr erzielen, sollten Sie sich breiter aufstellen oder einen angrenzenden Markt erschließen. Dieser Rat zur Nische ist besonders wichtig für Unternehmen mit einem Jahresumsatz von unter 10.000.000 Dollar.

Der Grund: Sie können buchstäblich 100-mal mehr für *das gleiche* Produkt verlangen. Lassen Sie mich das veranschaulichen:

Beispiel für die Preisgestaltung von Nischen-Produkten:

Beispiel

Produkt	Preis
Zeitmanagement	$19
Zeitmanagement für Vertriebsmitarbeiter	$99
Zeitmanagement für den B2B-Auslandsvertrieb	$499
Zeitmanagement für B2B-Vertriebsmitarbeiter von Elektrowerkzeugen und Gartengeräten im Ausland	$1997

Dan Kennedy verwendet dieses Beispiel, um die Macht der Nischenpreise zu vermitteln. Bei allen vier Produkten handelt es sich um mehr oder weniger identische Produkte. Aber wenn Sie die richtige Person für die Vermarktung auswählen, können Sie 100-mal mehr Geld für dieselbe Sache verlangen. Auf jeder Stufe werden wir spezifischer - und unsere Preisgestaltung spiegelt diesen erhöhten Grad an Spezialisierung wider.

Übung Nr. 5: Wählen Sie Ihre Nische, 4 Ebenen tief.

Nennen Sie Ihr aktuelles Produkt: _____

Fügen Sie eine Kategorie als Hauptschwerpunkt hinzu: _____

Fügen Sie eine Unterkategorie hinzu: _____

Benennen Sie die neue Nische: _____

Zusammenfassung:

Der Zweck dieses Kapitels ist es, <u>drei</u> Dinge hervorzuheben.

- **Erstens:** Suchen Sie sich keinen *schlechten* Markt aus. Normale Märkte sind in Ordnung. Großartige Märkte sind großartig.

- **Zweitens:** Wenn Sie sich für einen Markt entschieden haben, bleiben Sie dabei, bis Sie ihn erkundet haben.

- **Drittens:** Wenn Sie neu anfangen, sollten Sie sich genau überlegen, wem Sie dienen wollen. Eng gefasst ist in Ordnung. So können Sie für dieselbe Sache mehr Geld verlangen, um herauszufinden, was Sie tun.

GRATISGESCHENK Nr. 2 BONUS-TUTORIAL: MÄRKTE GEWINNEN

Wenn Sie mehr darüber wissen wollen, wie ich Märkte auswähle und Nischen finde, die profitabel sind, gehen Sie auf **Acquisition.com/training/offers** und schauen Sie sich das kurze Video-Tutorial **„Winning Markets"** an. Ich habe auch eine kostenlose Checkliste beigefügt, mit der Sie herausfinden können, wie es um Ihren Markt oder Ihre Nische steht. Sie können auch den QR-Code scannen, wenn Sie nicht tippen möchten. Er ist absolut kostenlos. Viel Spaß!

Problem Nr. 3: Niedrige Preise
→ Lösung Nr. 3: Premium-Preise

„Verlangen Sie einen so hohen Preis, wie Sie ihn laut sagen
können, ohne ein Lächeln unterdrücken zu müssen."
– Dan Kennedy

Ein Bild vom Gym Lords Summit 2019 für unsere Fitnessstudiobesitzer
auf höchster Ebene, die alle meinen trendigen Schnurrbart tragen.

Jede Person auf dem Bild oben hat 42.000 Dollar bezahlt, um in diesem Raum zu sein. Ich zeigte meinem Vater das Bild und er fragte, ob *sie* das wüssten. Natürlich wussten sie das. Er konnte sich nur nicht vorstellen, jemals für so etwas zu bezahlen. Mit anderen Worten, er verstand den PREIS, aber er konnte den WERT nicht verstehen.

Der Grund, warum Menschen *etwas* kaufen, ist, dass sie ein *Angebot* bekommen. Sie glauben, dass das, was sie bekommen (WERT), mehr *wert* ist als das, was sie im Gegenzug dafür geben (PREIS). In dem Moment, in dem der Wert, den sie erhalten, unter den Preis fällt, den sie zahlen, kaufen sie nicht mehr bei Ihnen. Diese Diskrepanz zwischen Preis und Wert müssen Sie um jeden Preis vermeiden.

Schließlich sagte schon Warren Buffet: „Der Preis ist das, was man bezahlt. Wert ist das, was man bekommt."

1) Der einfachste Weg, den Abstand zwischen Preis und Wert zu vergrößern, besteht darin, den Preis zu senken. Meist ist es auch die falsche Entscheidung für das Unternehmen.

2) Die andere Möglichkeit ist, Ihren Wert zu erhöhen. Auf diese Weise erhalten die Kunden immer noch ein großartiges Angebot (stellen Sie vor, 100.000 Dollar an Wert für 10.000 Dollar zu kaufen). Es ist „Geld mit einem Rabatt".

Wie Dan Kennedy sagte: „Es gibt keinen strategischen Vorteil, der zweitbilligste auf dem Markt zu sein, aber es gibt einen, der teuerste zu sein."

Lassen Sie mich Ihnen zeigen, warum …

Übung Nr. 6: Diskrepanz zwischen Preis und Wert

Kreuzen Sie einige geeignete Maßnahmen an, um die Diskrepanz zwischen Preis und Wert zu vergrößern:

☐ Rabatte anbieten
☐ Den Preis senken
☐ Garantie hinzufügen
☐ Funktionen/Dienstleistungen hinzufügen
☐ Schnellere Lieferung anbieten

Virtuoser Kreislauf des Preises

Hier ist das Grundprinzip, warum Sie einen Premium-Preis verlangen *müssen*, wenn Sie Ihre Kunden optimal bedienen wollen.

Wenn Sie Ihren Preis senken, …

. . . verringern Sie die emotionale Investition Ihrer Kunden, denn der Erwerb hat sie nicht viel gekostet.

. . . verringern Sie den von Ihren Kunden wahrgenommenen Wert Ihrer Dienstleistung, da sie nicht so gut sein kann, wenn sie so billig ist oder den gleichen Preis hat wie alle anderen.

. . . verringern Sie die Ergebnisse Ihrer Kunden, weil sie Ihre Dienstleistung nicht zu schätzen wissen und nicht investieren.

. . . ziehen Sie die schlechtesten Kunden an, die *nie* zufrieden sind, es sei denn, Ihre Dienstleistung ist *kostenlos*.

. . . zerstören Sie jeden Spielraum, den Sie noch haben, um tatsächlich ein außergewöhnliches Erlebnis zu bieten, die besten Mitarbeiter einzustellen, in Ihre Mitarbeiter zu investieren, Ihre Kunden zu verwöhnen, in Wachstum zu investieren, in mehr Standorte oder mehr Größe zu investieren und alles andere, was Sie sich erhofft hatten, um mehr Menschen bei der Lösung des Problems zu helfen, das Sie lösen.

Im Grunde genommen ist Ihre Welt zum Kotzen.

Hier ist die Umkehrung. Das passiert, wenn Sie Ihre Preise erhöhen.

Wenn Sie Ihre Preise erhöhen, …

. . . *erhöhen* Sie die emotionale Investition Ihrer Kunden.

. . . *erhöhen* Sie den von Ihren Kunden wahrgenommenen Wert Ihrer Dienstleistung.

. . . *steigern* Sie die Ergebnisse Ihrer Kunden, weil sie Ihre Dienstleistung schätzen und sich engagieren.

. . . ziehen Sie die *besten* Kunden an, die am *einfachsten* zufriedenzustellen sind und deren Kosten am *geringsten* sind und die am wahrscheinlichsten den größten relativen Wert erhalten und wahrnehmen.

. . . *vervielfachen* Sie Ihre Gewinnspanne, weil Sie Geld haben, um in Systeme zur Steigerung der Effizienz zu investieren, in kluge Mitarbeiter, in eine bessere Kundenbetreuung, in die Skalierung Ihres Unternehmens, und, was am wichtigsten ist, Sie sehen, wie die Zahl auf Ihrem persönlichen Bankkonto Monat für Monat steigt, selbst wenn Sie in Ihr Unternehmen reinvestieren. Auf diese Weise können Sie den Prozess langfristig genießen und mehr Menschen helfen, während Sie wachsen, anstatt auszubrennen und in der Bedeutungslosigkeit zu versinken.

Um das Argument noch weiter zugunsten höherer Preise zu schwenken, hier ein paar interessante Konzepte. Wenn Sie Ihren Preis anheben, erhöhen Sie den Wert, den der Verbraucher erhält, ohne etwas anderes an Ihrem Produkt zu ändern. Moment mal, was? Ja.

Übung Nr. 7: Höhere Preise

Welche der folgenden Dinge passieren, wenn Sie die Preise erhöhen?

☐ Sie verkaufen an mehr Kunden
☐ Sie verkaufen an bessere Kunden
☐ Sie verschaffen den Menschen bessere Ergebnisse
☐ Sie verringern die emotionale Investition der Kunden

☐ Sie machen mehr Gewinn

☐ Sie geben mehr Geld aus als Ihre Konkurrenz

☐ Es wird schwieriger für Sie, talentierte Mitarbeiter zu gewinnen

Höherer Preis bedeutet höheren Wert (buchstäblich)

Eine Studie: Man ließ die Teilnehmer drei Weine verkosten, bei denen die Preise angegeben waren. Eine billige, eine mittlere und eine teure Flasche. Die Leute bewerteten sie entsprechend dem Preis. Was die Teilnehmer nicht wussten, war, dass es sich bei allen drei Flaschen um denselben Wein handelte.

Das bedeutet, dass der Preis tatsächlich den wahrgenommenen Wert dessen, was Sie verkaufen, erhöht. Sie können also tatsächlich erreichen, dass die Menschen Ihre Sache als wertvoller wahrnehmen, indem Sie einfach den Preis erhöhen. Mehr noch: Je höher der Preis, desto mehr Anziehungskraft hat Ihr Produkt oder Ihre Dienstleistung. Die Menschen *wollen* teure Dinge kaufen. Sie brauchen nur einen Grund dafür. Und das Ziel ist nicht nur, etwas über dem Marktpreis zu liegen - das Ziel ist, so viel höher zu sein, dass der Verbraucher denkt: „Das ist so viel teurer, da muss etwas ganz anderes dahinterstecken."

Auf diese Weise schaffen Sie eine Einer-Kategorie. Auf diesem neuen wahrgenommenen Markt sind Sie ein Monopol und können Monopolgewinne erzielen. Das ist der Punkt.

Wenn Sie eine Dienstleistung anbieten, bei der der Kunde etwas tun muss, um erfolgreich zu sein, erhöht ein höherer Preis die emotionale Investition der Kunden. Wenn Sie also einen höheren Erfolg erzielen wollen, erhöhen Sie Ihre Preise.

Zusammenfassende Punkte

1) Verlangen Sie einen Premium-Preis, denn:

   a) Niemand gewinnt bei einem Wettlauf nach unten.

   b) Sie können die zusätzlichen Gewinne nutzen, um Ihr Unternehmen besser zu machen als das aller anderen.

   c) Sie bekommen bessere Kunden.

   d) Sie ziehen bessere Talente an.

   e) Sie sind überzeugter.

f) Ihre Kunden werden emotional stärker eingebunden.

g) Ihre Kunden werden Sie automatisch als höherwertig wahrnehmen (Beispiel Wein).

2) Haben Sie keine Angst.

GRATISGESCHENK Nr. 3: BONUS-TUTORIAL & KOSTENLOSE DOWNLOADS: Berechnen Sie, was es wert ist

Wenn Sie wissen wollen, wie ich Wertunterschiede für B2B- oder B2C-Produkte schaffe, gehen Sie auf **Acquisition.com/training/offers** course und schauen Sie sich dann das kurze Video-Tutorial **„Charge What It's Worth"** an. Mein Ziel ist es, Ihr Vertrauen zu gewinnen und Ihnen im Voraus einen Mehrwert zu bieten. Sie können auch den QR-Code scannen, wenn Sie nicht gerne tippen. Als solches ist es absolut kostenlos. Viel Spaß!

Problem Nr. 4: Ihre Sache ist nicht wertvoll → Lösung Nr. 4: Machen Sie sie wertvoll

Wertangebot: Die Wertgleichung

„Wir stellen alle unsere Überzeugungen in Frage, mit Ausnahme derer, an die wir wirklich glauben, und derer, die wir nie in Frage zu stellen gedenken."
– Orson Scott Card

Damit Sie viel Geld verlangen können, müssen Sie noch mehr Wert schaffen. Die obige Gleichung zeigt die Beziehung zwischen den vier Werttreibern.

Zwei der Treiber (oben) werden Sie zu steigern versuchen. Die anderen beiden (unten) werden Sie zu verringern versuchen.

1) (Yeah!) Traumergebnis (Ziel: Steigerung)

2) (Yeah!) Wahrgenommene Wahrscheinlichkeit des Erreichens (Ziel: Steigerung)

3) (Buh!) Wahrgenommene Zeitverzögerung zwischen Beginn und Erreichen (Ziel: Verringerung)

4) (Buh!) Wahrgenommene Anstrengung und Opfer (Ziel: Verringerung)

Diese Werttreiber entsprechen in der Regel den Fragen, die Sie von einem potenziellen Kunden hören, wenn er versucht herauszufinden, ob sich Ihr Angebot „lohnt":

Was werde ich schaffen? und/oder *Was wird passieren?* (Traumergebnis)

Woher weiß ich, dass ich es schaffen werde? (Wahrgenommene Wahrscheinlichkeit des Erreichens)

Wie lange wird es dauern? (Zeitverzögerung)

Was wird von mir erwartet? (Anstrengung und Opfer)

Bringen Sie den unteren Teil der Gleichung auf Null

Neulinge konzentrieren sich darauf, mehr zu versprechen und mit mehr Referenzen zu glänzen.

Profis konzentrieren sich darauf, die Dinge mühelos und sofort zu machen.

Grund: Egal wie klein der obere Teil ist, alles, was durch Null geteilt wird, ist gleich unendlich (was für die Mathe-Nerds technisch undefiniert ist). Mit anderen Worten: Wenn Sie die tatsächliche Zeitverzögerung Ihrer potenziellen Kunden bis zum Erhalt des Werts auf Null reduzieren können (d. h., wenn Sie Ihr Wunschergebnis sofort realisieren) und Aufwand und Opfer gleich Null sind, haben Sie ein unendlich wertvolles Produkt. Wenn Sie das schaffen, haben Sie das Spiel gewonnen.

Bei diesem Konzept würde ein Interessent (theoretisch) etwas von Ihnen kaufen, und in dem Moment, in dem seine Kreditkarte belastet wird, würde es sofort seine Realität werden. *Das* ist unendlicher Wert.

Stellen Sie sich vor, Sie klicken auf die Schaltfläche für den Kauf eines Produkts zur Gewichtsreduktion und sehen sofort, wie sich Ihr Bauch in ein Six-Pack verwandelt. Oder stellen Sie sich vor, Sie beauftragen eine Marketingfirma, und sobald Sie den Vertrag unterschreiben, klingelt Ihr Telefon mit neuen hochqualifizierten Interessenten. Wie wertvoll wären diese Produkte/Dienstleistungen? Unendlich wertvoll. Und genau das ist der Punkt.

> **Übung Nr. 8: Welche der folgenden Punkte treffen darauf zu, „den unteren Teil der Gleichung auf Null zu bringen"?**
>
> ☐ Schnellere Reaktionszeiten des Kundensupports
> ☐ Gespeicherte Kreditkarte beim Check-out
> ☐ Referenzen
> ☐ Garantien
> ☐ Überraschungsversand am nächsten Tag
> ☐ Vorausgefüllte Formulare
> ☐ Sofortiges und personalisiertes Onboarding

Wahrnehmung ist Realität

Bei allen Werttreibern geht es nicht darum, was diese sind oder was Sie denken, das sie sind, sondern darum, was Ihr Interessent *denkt*, das sie sind. Sie müssen also die Werttreiber in einer Sprache kommunizieren, die Ihr Interessent versteht, damit er den Wert *erkennen* kann.

Beispiel: Das Londoner U-Bahn-Tunnelsystem

Die größte Steigerung der Fahrgastzufriedenheit (*auch bekannt als Wert*) wurde nie durch schnellere Züge und kürzere Wartezeiten erreicht. Stattdessen war es eine einfache, mit Punkten versehene Karte, die den Menschen zeigte, wann der nächste Zug kommt und wie lange sie warten müssen. Die gepunktete Karte, die nur ein paar Millionen Dollar kostete, verringerte die *Wahrnehmung* der Fahrgäste von Zeitverzögerungen und Opfern (gelangweiltes Warten) mehr als die tatsächliche Beschleunigung der Züge (deren Realisierung Milliarden von Dollar kostet). Ist das nicht cool? So müssen wir über unsere Produkte denken.

Logische vs. psychologische Lösungen

Die meisten Menschen versuchen, Probleme mit *logischen* Lösungen zu lösen. Aber die logischen Lösungen sind in der Regel schon ausprobiert worden ..., weil sie logisch sind (das würde jeder versuchen und tun). Als Geschäftsinhaber und Unternehmer gehe ich zunehmend an Probleme heran, um *psychologische* Lösungen zu finden, anstatt *logische*. Denn wenn es eine logische Lösung gäbe, wäre das Problem wahrscheinlich schon gelöst und damit beseitigt. So bleiben nur noch die *psychologischen* Probleme übrig.

Beispiele inspiriert von Rory Sutherland, CMO von Ogilvy Advertising:

„Jeder Dummkopf kann ein Produkt verkaufen, indem er es mit einem Preisnachlass anbietet, aber es bedarf eines großartigen Marketings, um das gleiche Produkt mit einem Aufschlag zu verkaufen."

Züge

- Logische Lösung: Züge schneller machen, um die Zufriedenheit zu erhöhen

- Psychologische Lösung: Verringern Sie den Schmerz des Wartens durch Hinzufügen einer gepunkteten Karte

- Psychologische Lösung: Bezahlung von Models als Hostessen auf der Reise (die Leute würden sich wünschen, dass es länger dauert, bis sie am Ziel sind!)

Aufzüge

- Logische Lösung: Aufzug schneller machen

- Psychologische Lösung: Anbringen von Spiegeln, die vom Boden bis zur Decke reichen, damit die Leute abgelenkt sind und vergessen, wie lange sie im Aufzug waren

Preisgestaltung

- Logische Lösung: es billiger machen

- Psychologische Lösung: weniger herstellen und den Preis erhöhen, was die Leute dazu veranlasst, mehr davon zu wollen

Oft sind die meisten logischen Lösungen bereits ausprobiert worden und gescheitert. An diesem Punkt der Geschichte müssen wir den psychologischen Lösungen eine Chance geben, um Probleme zu lösen.

Nr. 1 Traumergebnis (Ziel = Steigerung)

Das Traumergebnis ist das, was sich Menschen (Kunden) wünschen. Oft wollen sie:

. . . als schön wahrgenommen werden

. . . respektiert werden

. . . als mächtig wahrgenommen werden

. . . geliebt werden

. . . ihren *Status* erhöhen

All das sind starke Antriebskräfte.

Beachten Sie: Verschiedene Angebote können versuchen, dasselbe Traumergebnis zu erreichen. Nehmen wir zum Beispiel den Wunsch, *„als schön wahrgenommen zu werden"*, hier gibt es viele Dinge, die diesen Wunsch berühren:

Make-up
Anti-Aging-Cremes/Seren
Nahrungsergänzungsmittel
Shapewear
Plastische Chirurgie
Fitness
→ Alle diese Vehikel kanalisieren den Wunsch, *als schön wahrgenommen zu werden.*

Oftmals spiegeln die Traumergebnisse im Kern den Wunsch nach einem Anstieg des sozialen Status innerhalb der eigenen Gruppe wider.

Zwei Angebote, unterschiedliche Traumergebnisse: Der Werttreiber für das Traumergebnis wird vor allem beim Vergleich des relativen Wertes zwischen *der Erfüllung zweier verschiedener Wünsche* verwendet.

Beispiel für unterschiedliche Traumergebnisse: Für viele Männer ist es wichtiger, Geld zu verdienen, als in Form zu kommen. Hauptgrund: Geld verdienen erhöht ihren Status bei Männern und Frauen mehr als in Form zu kommen. Das würde bedeuten, dass Männer, die so denken, wahrscheinlich eher Angebote bevorzugen, die zum Erreichen des Traumergebnisses „Geld verdienen" beitragen, als solche, die beim Erreichen des Traumergebnisses „in Form kommen" helfen.

Zwei Angebote, gleiches Traumergebnis: Vergleicht man jedoch zwei Produkte oder Dienstleistungen, die *denselben* Wunsch erfüllen, so hebt sich der Wert der Traumergebnisse auf (da sie gleich sind). Es sind die anderen drei Variablen, die den Unterschied im wahrgenommenen Wert und letztlich den Preis bestimmen.

Beispiel für gleiches Traumergebnis: Wenn wir zwei Produkte oder Dienstleistungen haben, die beide dazu beitragen, jemanden schön zu machen, dann sind es die Wahrscheinlichkeit des Erreichens, die Zeitverzögerung und der erforderliche Aufwand, die den wahrgenommenen Wert der beiden Angebote ausmachen.

Einfach ausgedrückt: Wenn zwei Dinge jemanden schön machen, warum ist das eine 50.000 Dollar und das andere 5 Dollar wert? Die Antwort: Das Ausmaß der anderen drei Wertvariablen.

Nr. 2 Wahrgenommene Wahrscheinlichkeit des Erreichens (Ziel = Steigerung)

Menschen schätzen Gewissheit. Sie zahlen dafür einen Aufpreis. Ich nenne dies die „wahrgenommene Wahrscheinlichkeit des Erreichens/des Erfolgs". Mit anderen Worten: „Für wie wahrscheinlich halte ich es, dass ich das gewünschte Ergebnis erreiche, wenn ich diesen Kauf tätige?" Oder, noch anders gesagt: das Gegenteil von *Risiko*.

Beispiel: Wie viel würden Sie zahlen, um der 10.000ste Patient eines plastischen Chirurgen zu sein, im Gegensatz zu seinem ersten Patienten? Die Antwort: Sehr viel mehr. Und warum? Weil, obwohl es sich technisch gesehen um das gleiche Verfahren handelt, Ihre wahrgenommene Wahrscheinlichkeit des Erreichens viel höher ist. Und Sie sind bereit, dafür einen Aufpreis zu zahlen, *um Ihr Risiko zu verringern*.

Fazit: Wenn Sie die Überzeugung eines potenziellen Kunden stärken, dass Ihr Angebot für ihn „tatsächlich" funktioniert, wird Ihr Angebot wertvoller, obwohl Sie die gleiche Arbeit leisten. Sie kommunizieren die wahrgenommene Wahrscheinlichkeit des Erfolgs durch: soziale Beweise (denken Sie an Referenzen), Garantien (denken Sie an Versprechen wie „wenn Sie x nicht bekommen, gebe ich Ihnen y") und die Autorität von Dritten (denken Sie an akademische Abschlüsse).

Übung Nr. 9: Gewissheit steigern und Risiko verringern

Kreuzen Sie alles Zutreffende an:

- ☐ Ihre Erfolgsgeschichte erzählen und mit der von anderen in Beziehung setzen
- ☐ Referenzen
- ☐ 5-Sterne-Bewertungen
- ☐ Zertifizierungen/Abschlüsse/Akkreditierungen von dritter Seite
- ☐ Zahlen, Statistiken, Studien, die das Ergebnis untermauern, an das Sie sie glauben lassen wollen
- ☐ Experten, die für uns bürgen
- ☐ Einzigartiges Merkmal, das erklärt, warum andere zuvor gescheitert sind
- ☐ Prominente Befürworter
- ☐ Garantien
- ☐ Live-Demonstrationen vor dem Kauf

Nr. 3 Zeitverzögerung (Ziel = Verringerung)

Die Zeitverzögerung *ist die Zeit zwischen dem Kauf eines Kunden und dem Erhalt des versprochenen Nutzens.* Je kürzer der Abstand zwischen dem Kauf und dem Erhalt des Nutzens bzw. des Ergebnisses ist, desto wertvoller ist Ihre Dienstleistung oder Ihr Produkt. Mit anderen Worten: *Geschwindigkeit.*

Beispiel für Zeitverzögerung: Das ist der Grund, warum Menschen 25.000 Dollar für sofortige Ergebnisse bei einer Fettabsaugung zahlen, während sie kaum 29 Dollar pro Monat für eine Mitgliedschaft im Fitnessstudio zahlen, bei der sie 12 bis 24 Monate auf Ergebnisse warten müssen. 12 bis 24 Monate, um das zu bekommen, was man will, sind eine *lange* Zeit, wenn man stattdessen eine Fettabsaugung machen und an einem Nachmittag fertig sein kann. Gleiches Ergebnis. Unterschiedliche Geschwindigkeiten. Völlig unterschiedliche Preise, die die Leute zu zahlen bereit sind.

Dieser Werttreiber besteht aus zwei Elementen:

1) Das langfristige Ergebnis - wie lange es dauert, bis Interessenten ihr Ziel erreicht haben

2) Die kurzfristige Erfahrung - wie lange es dauert, bis sie einen *gewissen* Nutzen erfahren

Ideal: Sorgen Sie so schnell wie möglich für einen emotionalen Gewinn. Dies ist umso wichtiger, wenn Sie ein Ergebnis verkaufen, dessen Erzielung lange Zeit in Anspruch nimmt. Sie möchten einen „kleineren Gewinn" erzielen, den Sie früher liefern können.

Beispiel für kurzfristige Erfahrung: Wenn ich jemandem einen Bikinikörper verkaufe, kann es 12 Monate oder noch länger dauern, bis er dieses Ergebnis erreicht. Auf dem Weg dorthin, während er seinen Körper verändert, erlebt er vielleicht einen stärkeren Sexualtrieb, mehr Energie und eine größere Gemeinschaft von Freunden.

Anfangs kaufen die Leute diese Dinge nicht, aber diese Dinge können zu kurzfristigen Vorteilen werden, die sie lange genug im Spiel halten, um ihr Endziel zu erreichen.

Dies wird auch von der Wissenschaft bestätigt. Menschen, die gleich zu Beginn einen Erfolg verbuchen können, sind eher bereit, etwas weiterzumachen, als Menschen, die dies nicht tun.

Betrachten wir das Beispiel der Fettabsaugung und der Mitgliedschaft im Fitnessstudio, ist Geschwindigkeit ein Faktor für den dramatischen Preisunterschied. Aber es gibt noch einen weiteren: Anstrengung und Opfer.

Profi-Tipp: Schnell schlägt kostenlos

Das Einzige, was „kostenlos" übertrifft, ist „schnell". Die Menschen zahlen für Geschwindigkeit. Viele Unternehmen sind in den freien Markt eingestiegen und haben mit einer Strategie, bei der die Geschwindigkeit an erster Stelle steht, außerordentlich gute Ergebnisse erzielt. Ein paar bemerkenswerte Beispiele: MVD vs. DMV: Ewig in der Schlange stehen oder 50 Dollar zahlen, um die Schlange zu überspringen und den Führerschein privat verlängern zu lassen. FedEx gegen USPS (wenn es unbedingt über Nacht da sein muss). Spotify vs. langsame kostenlose Musik. Personenbeförderung (Uber) vs. zu Fuß gehen. Schnell ist besser als kostenlos. Viele werden immer bereit sein, für (den Wert der) Schnelligkeit (einen Preis) zu zahlen. Wenn Sie sich also in einem Markt wiederfinden, in dem Sie mit kostenlosen Angeboten konkurrieren, sollten Sie auf Geschwindigkeit setzen.

Übung Nr. 10: Geschwindigkeit

Schlüsseln Sie alle Mikroereignisse auf, die in Ihrem Kundenerlebnis vorkommen.

_____

_____

_____

_____

_____

Schreiben Sie auf, wie viel Zeit Sie jeweils für die Durchführung benötigen.

_____

_____

Überlegen Sie dann, wie Sie sie in einem Drittel der Zeit erledigen können, wenn Sie es müssten.

Nr. 4 Anstrengung und Opfer (Ziel = Verringerung)

Damit ist gemeint, was es die Menschen an Nebenkosten „kostet", auch bekannt als „andere Kosten, die auf dem Weg anfallen". Diese können sowohl materiell als auch immateriell sein.

Anstrengung ist *das, was Sie aufgrund des Kaufs tun müssen (und was Sie nicht mögen).*

Ein Opfer ist *das, was Sie aufgrund des Kaufs aufgeben müssen (und was Sie mögen).*

Sie sind die gleichen Seiten derselben Medaille. Betrachten wir am Beispiel von Fitness und Fettabsaugung den Unterschied zwischen Anstrengung und Opfer:

Fitness Anstrengung und Opfer:	Fettabsaugung Anstrengung und Opfer:
Morgens ein bis zwei Stunden früher aufstehen	Einschlafen
Fünf bis zehn Stunden pro Woche an Zeit verlieren	Garantiert dünn aufwachen
Aufhören, die Lebensmittel zu essen, die man liebt	Zwei bis vier Wochen lang Schmerzen haben
Ständiger Hunger	
Körperlicher Muskelkater	
Schamgefühle, weil man nicht weiß, wie man trainieren soll	
Risiko von Verletzungen	
Tatsächliche Übelkeit beim Sport	
Vorbereiten von Mahlzeiten	
Neue Lebensmittel/teurere Lebensmittel	
Neue Kleidung (kann für manche Leute ein Vorteil sein)	
Angst, nach all der Anstrengung wieder zuzunehmen (Vergänglichkeit des Erfolgs)	
Usw. . . .	

Sehen Sie den Unterschied?

Falls nicht, schauen Sie sich das Marketing der plastischen Chirurgen an. Die oben genannten Punkte sind *genau* die Schmerzpunkte, die sie ansprechen, wenn sie Dinge sagen wie: *„Haben Sie es satt, unzählige Stunden im Fitnessstudio zu verschwenden ... Diäten auszuprobieren, die einfach nicht funktionieren?"*

Es gibt einfach nicht viel wahrgenommenen Wert in der Fitness, weil die wahrgenommene Wahrscheinlichkeit des Erfolgs, die Zeitverzögerung bis zum Erfolg und die Anstrengung und das Opfer so hoch sind.

Das Ziel ist es, diese so gering wie möglich zu halten - und damit Ihre Sache viel wertvoller zu machen.

Übung Nr. 11: Mühelosigkeit erhöhen, Anstrengung verringern

A. Listen Sie alle Dinge auf, die Ihr Kunde aufgeben muss, um Ihr Produkt zu nutzen.

_____

_____

_____

_____

_____

B. Listen Sie alle Dinge auf, die Ihr Kunde tun muss, um Ihr Produkt zu nutzen.

_____

_____

_____

_____

_____

Stellen Sie fest, wie Sie möglichst viele Dinge aus der Liste A erhalten können.

Stellen Sie fest, wie Sie möglichst viele Dinge aus der Liste B für den Kunden eliminieren oder „erledigen" können.

Alles zusammenfügen

Diese Wertelemente entstehen nicht in einem Vakuum. Sie treten zusammen auf, in Kombination. Sehen wir uns also ein paar Beispiele an, bei denen alle vier Wertkomponenten gleichzeitig zum Einsatz kommen.

Um den Wert zu quantifizieren, bewerte ich sie auf einer binären Skala von 0 oder 1. 1 steht für einen erreichten Wert. 0 bedeutet fehlend. Dann addiere ich alle vier zusammen, um Ihnen eine relative Bewertung einer Art von Dienstleistung zu geben.

Zur Erinnerung: Ziel ist es, *das Traumergebnis und die wahrgenommene Wahrscheinlichkeit des Erreichens zu erhöhen und gleichzeitig die zeitliche Verzögerung und die Anstrengung zu verringern.*

Beispiel: Lassen Sie uns anhand der Wertgleichung zwei Angebote mit identischen Traumergebnissen vergleichen: Meditation und Xanax. Beide bieten dem Käufer Entspannung, weniger Angst und ein Gefühl des Wohlbefindens.

Wert Maßnahme	Meditation	Punktzahl	Xanax	Punktzahl
Traumergebnis	„Entspannung" „Verminderte Angst" „Wohlgefühl"	1/1	„Entspannung" „Verminderte Angst" „Wohlgefühl"	1/1
Wahrgenommene Wahrscheinlichkeit	Gering, da die meisten Menschen sich ablenken lassen und nicht wirklich daran glauben, die tägliche Meditation durchführen zu können	0/1	Hoch, da die meisten Menschen davon überzeugt sind, dass sie sich entspannter fühlen, wenn sie die Tablette nehmen	1/1
Zeitliche Verzögerung	Es dauert lange, bis sich langfristige Ergebnisse einstellen. Einige unmittelbare Vorteile nach 10 bis 20 Minuten (vorausgesetzt, man wird nicht frustriert)	0,5/1	Es dauert 15 Minuten, bis die Wirkung einsetzt	1/1
Anstrengung und Opfer	Körperliches Unbehagen (oft taube Gliedmaßen). Geistiges Unbehagen (das Gefühl, dass man ständig versagt). Zeitaufwand (man muss sich jeden Tag Zeit dafür nehmen).	0/1	Schlucken der Tablette	1/1
Gesamtwert	**Niedrig**	**1,5/4**	**Hoch**	**4/4**

Übung Nr. 12: Bewerten Sie Ihr aktuelles Angebot

1) Traumergebnis: (0 / 1)

2) Wahrgenommene Wahrscheinlichkeit: (0 / 1)

3) Zeitliche Verzögerung: (0 / 1)

4) Mühelosigkeit / Anstrengung und Opfer: (0 / 1)

Gesamtwert aus 4: _____

Und deshalb ist Xanax ein Multimilliarden-Dollar-Produkt, während ich von fast keinem Multimilliarden-Dollar-Geschäft mit Meditation weiß . . . wegen des Werts.

Und Sie können entweder dasitzen und sich darüber beschweren, dass die Menschen auf eine bestimmte Art und Weise sein „sollten". Oder man kann sich *die Art und Weise* der Menschen zunutze machen und daraus Kapital schlagen.

In diesem Buch geht es darum, reich zu werden. Wenn Sie das stört, legen Sie es einfach weg und gehen Sie zurück, um gegen die menschliche Natur zu argumentieren. Ein Tipp: Sie werden sie nicht ändern können.

GRATISGESCHENK Nr. 4: Bonus-Tutorial zur Wertgleichung und kostenlos(r) Download(s):

Wenn Sie wissen wollen, wie ich das Kernangebot eines Unternehmens in etwas Wertvolleres aufspalte, gehen Sie auf **Acquisition.com/training/offers** und wählen Sie das Video **„Value Equation"** aus, um sich eine kurze Anleitung anzusehen. Ich habe auch eine Checkliste zum Herunterladen beigefügt. Mein Ziel ist es, Ihr Vertrauen zu gewinnen und Ihnen im Voraus einen Mehrwert zu bieten. Sie können auch den QR-Code scannen, wenn Sie nicht tippen möchten. Das Ganze ist also absolut kostenlos. Viel Spaß!

HILFEANFRAGE

„Wer sagt, dass man mit Geld kein Glück kaufen kann, hat nicht genug verschenkt."
– Unbekannt

Menschen, die anderen helfen (ohne Erwartungshaltung), erleben ein höheres Maß an Erfüllung, leben länger *und* verdienen mehr Geld. Ich möchte Ihnen die Möglichkeit geben, diesen Wert während Ihres Lese- oder Hörerlebnisses zu vermitteln. Um dies zu tun, habe ich eine einfache Frage an Sie ...

<u>Würden Sie jemandem helfen, den Sie noch nie getroffen haben, wenn es Sie kein Geld kosten würde, Sie aber keine Anerkennung dafür bekommen würden?</u>

Wenn ja, habe ich eine „Bitte" im Namen von jemandem, den Sie nicht kennen. Und wahrscheinlich auch nie kennenlernen werden.

Er ist genau wie Sie, oder wie Sie es vor ein paar Jahren waren: weniger erfahren, voll von dem Wunsch, der Welt zu helfen, auf der Suche nach Informationen, aber unsicher, wo er suchen soll ... hier kommen Sie ins Spiel.

Wir von Acquisition.com können unsere Aufgabe, Unternehmern zu helfen, nur erfüllen, indem wir die Menschen zuerst einmal erreichen. Und in der Tat beurteilen die meisten Menschen ein Buch nach seinem Einband (und seinen Rezensionen). Wenn Sie dieses Buch bisher für wertvoll befunden haben, würden Sie sich jetzt bitte einen kurzen Moment Zeit nehmen und eine ehrliche Bewertung des Buches und seines Inhalts abgeben? Es kostet Sie keinen Dollar und weniger als 60 Sekunden.

Ihre Bewertung wird dabei helfen, dass ...

... ein/e weitere/r Unternehmer/in seine oder ihre Familie unterstützen kann.

... ein weiterer Arbeitnehmer eine Arbeit findet, die er als sinnvoll empfindet.

... ein weiterer Kunde eine Veränderung erlebt, der er sonst nie begegnet wäre.

... eine weitere Lebensveränderung zum Besseren geschieht.

Um das zu erreichen, müssen Sie nur ... und das dauert weniger als 60 Sekunden ... eine Bewertung abgeben.

<u>Wenn Sie bei audible sind</u> - klicken Sie auf die drei Punkte oben rechts auf Ihrem Gerät, klicken Sie auf „Bewerten & Rezensieren" und hinterlassen Sie dann ein paar Sätze über das Buch mit einer Sternebewertung.

<u>Wenn Sie auf einem Kindle oder einem E-Reader lesen</u> - können Sie bis zum Ende des Buches scrollen und dann nach oben wischen, um automatisch eine Rezension zu verfassen.

<u>Wenn aus irgendeinem Grund eine der beiden Funktionen geändert worden sein sollte</u> - können Sie die Buchseite auf Amazon (oder wo auch immer Sie das Buch gekauft haben) aufrufen und eine Rezension direkt auf der Seite hinterlassen.

PS - Wenn Sie ein gutes Gefühl dabei haben, einem gesichtslosen Unternehmer zu helfen, dann sind Sie genau mein Typ. Umso mehr freue ich mich, Ihnen zu helfen, es in den kommenden Kapiteln zu meistern (Sie werden die Taktiken lieben, die ich gleich erläutern werde).

PPS - Life-Hack: Wenn Sie jemandem etwas Wertvolles vorstellen, assoziiert er diesen Wert mit Ihnen. Wenn Sie direktes Wohlwollen von einem anderen Unternehmer wünschen, schicken Sie ihm dieses Buch.

Ich danke Ihnen aus tiefstem Herzen. Und nun zurück zu unserem regulären Programm.

- Ihr größter Fan, Alex

Übung Nr. 13: Wenn dieses Arbeitsbuch mehr Wert hat, als es gekostet hat, hinterlassen Sie bitte eine Bewertung :)

Problem Nr. 5: Sie bieten die falsche Lösung an → Lösung Nr. 5: Bieten Sie die richtige Lösung an

„Wenn es beim ersten Mal nicht klappt, versuche es noch einmal und noch einmal und noch einmal."
– Thomas H. Palmer, Handbuch für Lehrer

Ich möchte Ihnen den Unterschied zwischen konvergentem und divergentem Lösen von Problemen zeigen. Und warum? Damit Sie tatsächlich das Grand-Slam-Angebot erstellen können, das zu den Eckpfeilern Ihres Unternehmens werden wird.

Konvergentes und divergentes Denken

Vereinfacht ausgedrückt bedeutet konvergentes Problemlösen, dass man viele bekannte Variablen mit unveränderlichen Bedingungen zu einer einzigen Antwort konvergiert. Denken Sie an Mathematik.

Beispiel:

Sie haben 3 Vertriebsmitarbeiter, die jeweils 100 Anrufe pro Monat übernehmen.

4 Anrufe sind nötig, um einen Verkauf zu tätigen (einschließlich No-Shows).

Sie müssen auf 110 Verkäufe kommen . . .

Wie viele Vertriebsmitarbeiter müssen Sie einstellen?

Abgeleitete Informationen:

1 Vertriebsmitarbeiter = 100 Anrufe

4 Anrufe = 1 Abschluss

100 Anrufe / 4 Anrufe pro Abschluss = 25 Abschlüsse pro 100 Anrufen

25 Abschlüsse pro Vertreter

Ziel: 110 Verkäufe *insgesamt* / 25 Abschlüsse pro Vertreter = 4,4

Da Sie keine 4,4 Mitarbeiter einstellen können, beschließen Sie, dass Sie *fünf* haben müssen.

<u>ANTWORT: Und da Sie bereits 3 haben, stellen Sie zwei weitere ein.</u>

Mathematische Probleme sind konvergent. Es gibt viele Variablen und eine einzige Antwort. Unser ganzes Leben lang wird uns in der Schule beigebracht, so zu denken. <u>Und zwar deshalb, weil es leicht zu benoten ist.</u>

Aber das Leben wird Sie für Ihre Fähigkeit belohnen, Probleme mit einem divergenten Denkprozess zu lösen. Mit anderen Worten: Denken Sie an viele Lösungen für ein einziges Problem. Und nicht nur das: Konvergente Antworten sind binär. Entweder sie sind richtig oder sie sind falsch. Mit divergentem Denken kann man mehrere richtige Antworten finden und eine, die viel richtiger ist als die anderen. Cool, oder?

Hier ist, was das Leben uns für divergentes Denken bietet: mehrere Variablen, Bekanntes und Unbekanntes, dynamische Bedingungen, mehrere Antworten.

Deshalb möchte ich mit Ihnen eine Übung machen, die den Teil Ihres Gehirns anspricht, den Sie benutzen müssen, um etwas Magisches zu schaffen.

Ich nenne sie die „Ziegelstein"-Übung. Keine Sorge, sie dauert nur 120 Sekunden.

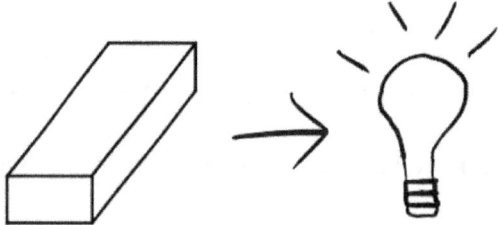

Übung Nr. 14: Die Ziegelstein-Übung

Jetzt möchte ich, dass Sie auf Ihrem Handy einen Timer für 120 Sekunden einstellen. Was Sie tun müssen: an einen Ziegelstein denken.

Schreiben Sie so viele verschiedene Verwendungszwecke für einen Ziegelstein auf, wie Sie sich vorstellen können. Auf wie viele verschiedene Arten könnte ein Ziegelstein im Leben verwendet werden, um einen Wert zu schaffen.

Fertig? Los geht's. Schreiben Sie in das Buch.

_____

_____

_____

_____

_____

_____

_____

_____

_____

_____

_____

_____

_____

_____

_____

Okay — stopp. Bevor ich Ihnen nun meine Liste zeige, haben Sie Folgendes bedacht …

… Wie groß ist der Ziegelstein? So groß wie ein Streifen Kaugummi, 3-5/8 Zoll x 2-1/4 Zoll x 8 Zoll (Standard), 2 Fuß x 2 Fuß x 6 Fuß?

… Woraus besteht der Ziegelstein? Kunststoff, Gold, Lehm, Holz, Metall?

… Wie ist der Ziegelstein geformt? Hat er Löcher? Hat er Vertiefungen für die Verzahnung?

Wenn Sie jetzt darüber nachdenken, fallen Ihnen noch mehr Verwendungsmöglichkeiten für den Ziegelstein ein, als Sie wahrscheinlich aufgeschrieben haben?

Hier ist meine Liste:

— Briefbeschwerer

— Türstopper

— Bausachen

— Heim für einen Fisch in einem Fischglas

— Pflanzenhalter mit Erde in den Löchern (Lochziegel)

— Als Trophäe (bemalter Ziegel)

— Rustikale Dekoration

— Zum Zerbrechen von Fenstern

— Zum Erstellen eines Wandgemäldes (kleine bemalte Ziegel)

— Ein Gewicht für Krafttraining

— Ein Keil unter einer unebenen Plattform

— Stifthalter (gelochter Ziegelstein)

— Kinderspielzeug (Legosteine)

— Schwimmhilfe (Plastikziegel)

— Bezahlung für Waren (goldener Ziegelstein)

— Stabilisator zum Anlehnen von etwas

— Halter für Fahnenmast (gelochter Ziegelstein)

— Ein Sitz (Jumbo-Ziegelstein)

Jedes Angebot hat Bausteine, die in ihrer Kombination ein Angebot unwiderstehlich machen. Unser Ziel ist es, einen divergenten Denkprozess zu nutzen, um mit dessen Hilfe viele einfache Möglichkeiten zu finden, wie diese Elemente kombiniert werden können, um einen Mehrwert zu bieten.

Wenn ich also einen Ziegelstein verkaufen wollte, würde ich herausfinden, was der Wunsch meines Kunden ist, und dann überlegen, auf wie viele Arten ich mit meinem „Ziegelstein" einen Mehrwert schaffen kann. Und jetzt machen wir das in der Praxis.

Problem Nr. 6: Sie lösen die falschen Probleme
→ Lösung Nr. 6: Lösen sie das richtige Problem

„ABC, Einfach wie 123 Ah, einfach wie do re mi"
– Michael Jackson, „ABC"

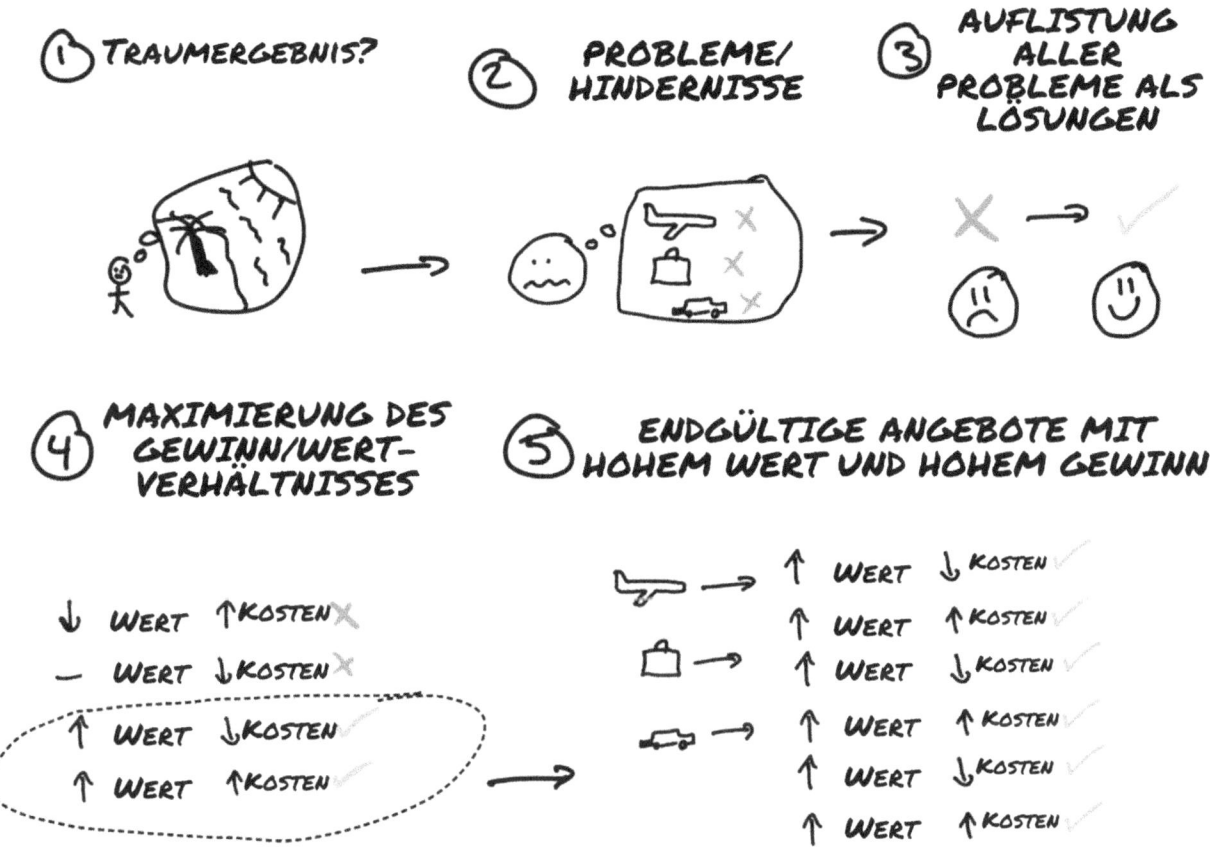

So machen Sie ein so gutes Angebot, dass sich die Leute dumm fühlen, wenn sie Nein sagen. Mit anderen Worten, ein Grand-Slam-Angebot.

Übung Nr. 15 (1. Schritt zum Angebot): Gewünschtes Ergebnis identifizieren

Legen Sie klar fest, was die Person innerhalb eines bestimmten Zeitrahmens erreichen möchte.

Beispiel: Ich hatte von Abnehm-Programmen gehört, also habe ich damit angefangen. 10 Kilo in 6 Wochen abnehmen. Großes Traumergebnis – 10 Kilo abnehmen. Mit einer verringerten Zeitverzögerung - 6 Wochen.

Hinweis: Ich habe nicht mehr meine Mitgliedschaft verkauft. Ich habe nicht länger den Flug verkauft. *Ich habe den Urlaub verkauft.* Wenn Sie über Ihr Traumergebnis nachdenken, muss es darum gehen, dass man am Zielort ankommt und was man *erleben* möchte.

Traumergebnis: _____

_____

Zeitrahmen: _____

Übung Nr. 16 (2. Schritt zum Angebot): Probleme auflisten

Schreiben sie als Nächstes all die Dinge auf, mit denen die Leute zu kämpfen haben, und ihre einschränkenden Gedanken dazu.

Tipp: Überlegen Sie, was unmittelbar vor und unmittelbar nach der Nutzung Ihres Produkts/Ihrer Dienstleistung geschieht. Seien Sie dabei sehr detailliert.

Beispiel Problemliste: Gewichtsreduktion

Das Erste, was der Kunde tun muss: Gesunde Lebensmittel kaufen.

1) Gesunde Lebensmittel zu kaufen ist schwierig, verwirrend und wird mir nicht gefallen.

2) Gesunde Lebensmittel zu kaufen nimmt zu viel Zeit in Anspruch.

3) Gesunde Lebensmittel zu kaufen ist teuer.

4) Ich werde nicht ewig gesund kochen können. Die Bedürfnisse meiner Familie werden mir in die Quere kommen. Wenn ich verreise, werde ich nicht wissen, was ich kaufen soll.

Das Nächste, was der Kunde tun muss: *Gesundes Essen kochen.*

1) Gesundes Essen zu kochen ist schwierig und verwirrend. Es wird mir nicht gefallen und ich werde schlecht darin sein.

2) Gesundes Essen zu kochen wird zu viel Zeit brauchen.

3) Gesundes Essen zu kochen ist teuer. Das ist es nicht wert.

4) Ich werde nicht ewig gesunde Lebensmittel kaufen können. Die Bedürfnisse meiner Familie werden mir in die Quere kommen. Wenn ich auf Reisen gehe, werde ich nicht wissen, wie man gesund kocht.

Das Nächste, was der Kunde tun muss: *Sich gesund ernähren.*

1)   Etc. ...

Das Nächste, was der Kunde tun muss: *Regelmäßig Sport treiben.*

1)   Etc. ...

Hier schließt sich der Kreis. Jedes der oben genannten Probleme hat vier negative Elemente. Und Sie haben es erraten: Jedes dieser Elemente entspricht auch den vier Werttreibern.

Zählen Sie nun alle Probleme auf, die Ihr Interessent hat.

Je mehr Probleme Ihnen einfallen, desto mehr Probleme können Sie lösen.

Gehen Sie jedes Problem durch, das Ihnen einfällt, und betrachten Sie es dann anhand der vier Werttreiber.

Wie kann ich ein besseres Ergebnis erzielen? _____

_____

_____

_____

Wie kann ich es weniger riskant machen? _____

_____

_____

_____

Wie kann ich es schneller machen? _____

_____

_____

_____

Wie kann ich es einfacher machen? _____

_____

_____

_____

Übung Nr. 17 (3. Schritt zum Angebot): Lösungsliste erstellen

Gehen Sie zurück zu Ihrer obigen Problemliste. Versehen Sie jedes Problem mit einer Nummer. Schreiben Sie unten so viele Zahlen, wie Sie oben Probleme haben. Schreiben Sie nun neben jede Zahl ein „wie" und wandeln Sie das Problem in lösungsorientierte Sprache um. Beispiele unten.

Wie kann ich ein besseres Ergebnis erzielen? <u>Schreiben Sie das Problem in eine „Wie"-Lösung um.</u> _____

_____

_____

_____

Wie kann ich es weniger riskant machen? <u>Schreiben Sie das Problem in eine „Wie"-Lösung um.</u> _____

_____

_____

_____

Wie kann ich es schneller machen? <u>Schreiben Sie das Problem in eine „Wie"-Lösung um.</u>

_____

_____

_____

_____

Wie kann ich es einfacher machen? <u>Schreiben Sie das Problem in eine „Wie"-Lösung um.</u>

_____

_____

_____

_____

Beispiel:

PROBLEM: Gesunde Lebensmittel zu kaufen, Lebensmitteleinkauf

. . . ist schwierig, verwirrend und wird mir nicht gefallen. Ich werde schlecht darin sein→ Wie man den Kauf gesunder Lebensmittel einfach und angenehm gestaltet, sodass es jeder tun kann (insbesondere viel beschäftigte Mütter!)

. . . nimmt zu viel Zeit in Anspruch→ Wie man schnell gesunde Lebensmittel kauft

. . . ist teuer→ Wie man gesunde Lebensmittel für weniger als die aktuelle Supermarktrechnung kauft

. . . ist nicht machbar→ Wie man den Kauf gesunder Lebensmittel weniger anstrengend machen kann als den Kauf ungesunder Lebensmittel

. . . ist nicht meine Priorität. Die Bedürfnisse meiner Familie werden mir in die Quere kommen → Wie man gleichzeitig gesunde Lebensmittel für sich und seine Familie kauft

. . . ist auf Reisen nicht möglich; ich weiß nicht, was ich kaufen soll → Wie man auf Reisen gesunde Lebensmittel besorgen kann

PROBLEM: Sich gesund zu ernähren

. . . ist schwierig, verwirrend und ich werde es nicht mögen → Wie man sich gesund und lecker ernähren kann, ohne komplizierten Systemen zu folgen

. . . etc.

PROBLEM: Regelmäßig Sport zu treiben

. . . ist schwierig und verwirrend, ich werde es nicht mögen und ich werde schlecht darin sein → Einfach zu befolgendes Trainingssystem, an dem jeder Spaß hat

. . . etc.

Hinweis: Es ist in Ordnung, wenn Ihre Lösungen repetitiv klingen. Die Menschen treffen ihre Entscheidungen immer noch auf der Grundlage der vier wichtigsten

Treiber. Und wenn Ihnen auch nur für ein Problem eine Lösung fehlt, wird ein Teil der Kunden nicht kaufen. Sie wollen sie also alle lösen!

Übung Nr. 18 (4. Schritt zum Angebot): Ihre Lösungswege entwickeln (das „Wie")

Jetzt müssen wir diese „Schlagzeilen" von Lösungen in tatsächliche Aktivitäten umwandeln, die wir durchführen werden. Dies ist der Punkt, an dem Versprechen auf Erfüllung treffen.

Wenn dies Ihr erstes Grand-Slam-Angebot ist, ist es wichtig, dass Sie wie verrückt über das Ziel hinausschießen. Jeder kauft Schnäppchen. Manche Leute kaufen wirklich Dinge im Wert von 100.000 Dollar für nur 10.000 Dollar. Das ist es, wo wir hinwollen: hohe Preise, aber ein Schnäppchen für den Wert (wie hoffentlich dieses Arbeitsbuch bis jetzt).

Lassen Sie mich Ihnen das Kontinuum vom Verkauf bis zur Fertigstellung/Erfüllung vorstellen.

KONTINUITÄT ZWISCHEN VERKAUF UND ABWICKLUNG

LEICHT ZU VERKAUFEN ← → SCHWER ZU VERKAUFEN

SCHWER ZU ERFÜLLEN → LEICHT ZU ERFÜLLEN

Wann immer Sie ein Unternehmen aufbauen, gibt es ein Kontinuum zwischen einfacher Erfüllung und einfachem Verkauf. Wenn Sie dafür sorgen, dass Sie bei der Erfüllung weniger zu tun haben, wird es schwieriger, Ihr Produkt oder Ihre Dienstleistung zu verkaufen. Wenn Sie so viel wie möglich tun, ist Ihr Produkt oder Ihre Dienstleistung leicht zu verkaufen, aber schwer zu erfüllen, weil Sie mehr Zeit investieren müssen. Der Trick und das ultimative Ziel bestehen darin, einen Sweet Spot zu finden, bei dem man etwas sehr gut verkauft und das gleichzeitig leicht zu erfüllen ist.

Jetzt, wo Sie dieses mentale Gerüst haben, denken Sie als Nächstes darüber nach, was Sie *tun* könnten, um jedes dieser Probleme, die Sie identifiziert haben, zu lösen.

Das ist der wichtigste Schritt in diesem Prozess.

Schreiben Sie erst einmal *alles auf, was Sie tun könnten*, um das Problem zu lösen. Ganz im Ernst. Alles. Wenn Sie diese Übung durchführen, wird Ihre Arbeit beim Verkaufen so viel leichter.

Zur Erinnerung: Sie brauchen dies nur einmal zu tun. Im wahrsten Sinne des Wortes ein einziges Mal für ein Produkt, das Jahre halten kann. Dies ist eine Arbeit mit hohem Wert und hoher Hebelwirkung. Das Ziel ist es, kreativ zu sein und an Ihre geistigen Grenzen zu gehen. Machen Sie weiter. Listen Sie alle potenziellen Lösungen auf, die Sie zur Lösung dieser Probleme anbieten könnten. Machen Sie sich noch keine Gedanken über die Skalierung. Dazu kommen wir noch.

Beispiele:

Problem: Gesunde Lebensmittel zu kaufen

. . . ist schwierig, verwirrend und wird mir nicht gefallen.

Wenn ich eine Einzellösung anbieten wollte, könnte ich Folgendes anbieten . . .

    a)   Persönlicher Lebensmitteleinkauf, bei dem ich meine Kunden in den Laden begleite und ihnen zeige, wie man einkauft.

    b)   Persönliche Einkaufsliste, bei der ich Kunden beibringe, wie sie ihre Liste erstellen können.

    c)   Full-Service-Einkauf, bei dem ich ihre Lebensmittel für die Kunden einkaufe. Das bedeutet, dass die Arbeit zu 100 Prozent für sie erledigt wird.

    d)   Persönliche Beratung (nicht im Geschäft), bei der ich den Kunden zeige, was sie einkaufen sollen.

    e)   Unterstützung durch Textnachrichten während des Einkaufs, bei der ich ihnen helfe, wenn sie nicht weiterkommen.

    f)   Telefonanruf während des Einkaufs, bei dem ich sie anrufe, wenn sie einkaufen gehen, um sie zu beraten und zu unterstützen.

Wenn ich eine Lösung für eine kleine Gruppe anbieten wollte, könnte ich Folgendes anbieten . . .

    a)   Persönlicher Lebensmitteleinkauf, bei dem ich mich mit einer Gruppe von Leuten treffe und sie alle für sich selbst einkaufen lasse.

    b)   Persönliche Einkaufsliste, bei der ich einer Gruppe von Leuten beibringe, wie sie ihre wöchentliche Liste erstellen. Ich könnte das einmalig oder jede Woche machen, wenn ich wollte.

c) Ich kaufe die Lebensmittel für sie ein und liefere sie auch aus.

d) Persönliche Beratung, bei der ich einer kleinen Gruppe vor Ort (nicht im Geschäft) beibringe, was zu tun ist.

Wenn ich eine Lösung für viele anbieten wollte, könnte ich Folgendes anbieten ...

a) Virtuelle Live-Einkaufstour, bei der ich meinen neuen Kunden per Live-Stream einen Rundgang durch den Supermarkt zeige und sie live Fragen stellen lasse.

b) Aufgezeichnete Einkaufstour, bei der ich einmal einkaufe, das Ganze aufzeichne und es dann meinen Kunden als Referenz zur Verfügung stelle.

c) DIY-Einkaufsrechner, bei dem ich ein Tool erstelle, das die Kunden mit anderen teilen können, oder bei dem ich ihnen zeige, wie sie ein Tool verwenden können, um ihre Einkaufsliste zu berechnen.

d) Vorgegebene Listen, bei denen jeder Kunde eine eigene Einkaufsliste für jede Woche erhält. Diese könnte ich im Voraus erstellen, damit sie sie haben. Dann könnten sie sie in ihrer eigenen Zeit benutzen.

e) Ein Lebensmittel-Buddy-System, bei dem ich die Kunden in Paaren zusammenbringen könnte, was wirklich keine Zeit in Anspruch nimmt, und sie zusammen einkaufen gehen lassen könnte.

f) Vorgefertigte Insta-Cart-Lieferung, bei denen ich Insta-Cart-Listen vorbereiten könnte, damit die Kunden ihre Lebensmittel mit einem Klick an die Haustür geliefert bekommen.

Die Liste ließe sich endlos fortsetzen. Dies ist nur ein Beispiel für die vielen Möglichkeiten, *ein und dasselbe* Problem zu lösen.

Handlungsschritt: Machen Sie dies für *alle* wahrgenommenen Probleme, die Ihre Kunden vor, nach und während ihrer Erfahrung mit Ihrer Dienstleistung/Ihrem Produkt haben. Am Ende sollten Sie eine riesige Liste haben.

Mögliche Lösung für Problem Nr. 1 _____

Mögliche Lösung für Problem Nr. 1 _____

Mögliche Lösung für Problem Nr. 1 _____

Mögliche Lösung für Problem Nr. 1 _____

Mögliche Lösung für Problem Nr. 1 _____

Mögliche Lösung für Problem Nr. 1 _____

Mögliche Lösung für Problem Nr. 2 _____

Mögliche Lösung für Problem Nr. 2 _____

Mögliche Lösung für Problem Nr. 2 _____

Mögliche Lösung für Problem Nr. 2 _____

Mögliche Lösung für Problem Nr. 2 _____

Mögliche Lösung für Problem Nr. 3 _____

Mögliche Lösung für Problem Nr. 3 _____

Mögliche Lösung für Problem Nr. 3 _____

Mögliche Lösung für Problem Nr. 3 _____

Mögliche Lösung für Problem Nr. 3 _____

Mögliche Lösung für Problem Nr. 3 _____

Mögliche Lösung für Problem Nr. 4 _____

Mögliche Lösung für Problem Nr. 4 _____

Mögliche Lösung für Problem Nr. 4 _____

Mögliche Lösung für Problem Nr. 4 _____

Mögliche Lösung für Problem Nr. 4 _____

Mögliche Lösung für Problem Nr. 4 _____

Machen Sie weiter, bis alles fertig ist.

Produktlieferung „Schummel-Codes"

Sie haben Schwierigkeiten? Hier ist ein mentaler Bezugsrahmen, den ich den „Lieferungs-Würfel" nenne.

LIEFERUNGS-WÜRFEL

Er hilft mir, jedes der Elemente der *Wertlieferung* zu durchdenken. Gehen wir sie gemeinsam durch.

a) OBEN LINKS: Welchen Grad an persönlicher Betreuung möchte ich bieten? Unterrichtung eines Einzelnen, einer kleinen Gruppe oder einer großen Anzahl.

b) MITTE LINKS: Welcher Aufwand wird von Ihren Kunden erwartet? Do it yourself (DIY) - sie finden selbst heraus, wie es geht; do it with them (DWY) - Sie bringen ihnen bei, wie es geht; done for them (DFY) - Sie tun es für sie.

c) UNTEN LINKS: Wenn ich etwas *live* mache, in welcher Umgebung oder über welches Medium möchte ich es anbieten? Persönlich, per Telefon, per E-Mail, per Text, per Zoom, per Chat.

d) OBEN RECHTS: Wenn ich eine Aufzeichnung mache, wie soll sie von meinen Kunden konsumiert werden? Audio, Video oder schriftlich.

e) MITTE RECHTS: Wie schnell wollen wir antworten? An welchen Tagen? Während welcher Stunden? 24/7, 9-5, innerhalb von 5 Minuten, innerhalb einer Stunde, innerhalb von 24 Stunden?

f) <u>UNTEN RECHTS: Test - 10-facher bis 1/10-facher Preis.</u> Wenn meine Kunden mir das 10-fache meines Preises (oder 100.000 Dollar) zahlen würden, was würde ich dann anbieten? Wenn sie mir 1/10 des Preises zahlen würden und ich mein Produkt noch wertvoller machen müsste, als es ohnehin schon ist, wie würde ich das tun? Wie könnte ich es für ein Zehntel des Preises trotzdem erfolgreich machen? Denken Sie in die eine oder andere Richtung, und Sie werden zu ganz unterschiedlichen Lösungen kommen.

Mit anderen Worten: Wie könnte ich die Lösungen, die ich zu liefern behaupte, tatsächlich *liefern*.

Handlungsschritt: Tun Sie dies für *jedes* Problem, denn Lösungen für ein Problem werden Ihnen Ideen für andere geben, die Sie normalerweise nicht in Betracht gezogen hätten.

Anmerkung des Autors: Ich kann Ihnen gar nicht sagen, wie oft *ein einziger* Punkt der Grund dafür ist, dass jemand nicht kauft. Lösen Sie alle Probleme.

Beispiel: Ich habe früher Programme zum Abnehmen verkauft. Ich erinnere mich an eine Dame, die nach einem einstündigen Gespräch das Produkt nicht kaufen wollte, weil sie viel reiste. Ich fragte sie, ob sie es kaufen würde, wenn ich ihr einen Plan für ihre Reisen machen würde. Sie sagte sofort ja. Finden Sie heraus, warum die Leute nicht kaufen. Lösen Sie das. Und dann verwenden Sie es auch in Zukunft.

Übung Nr. 19 (Angebotsschritt 5a): Trimmen und stapeln

Sie sollten jetzt eine gigantische Liste von Dingen haben, die Sie tun *könnten*, um *alle* Probleme Ihrer Kunden zu lösen. Jetzt müssen wir unser Angebot profitabel machen.

Handlungsschritt: Gehen Sie zurück zu Ihrer obigen Liste. Schreiben Sie die Kosten für die Bereitstellung dieser Lösungen für das Unternehmen an den Rand (halten Sie es einfach mit: „**H**och, **M**ittel, **N**iedrig"). Gehen Sie nun zurück zu der Liste und schätzen Sie den relativen Wert (verwenden Sie die gleichen „**H, M, N**" Einstufungen). Streichen Sie zuerst die Lösungen mit hohen Kosten und niedrigem Wert. Streichen Sie dann Lösungen mit niedrigen Kosten und niedrigem Wert.

Was dann übrigbleiben sollte, sind Angebote mit 1) niedrigen Kosten und hohem Wert und 2) Angebote mit hohen Kosten und hohem Wert.

Beispiel Gewichtsreduktion/Programm zum Abnehmen: Nehmen wir an, ich würde bei jemandem einziehen und für ihn einkaufen, mit ihm Sport treiben und kochen. Er würde wahrscheinlich glauben, dass er definitiv Gewicht verlieren würde. Aber ich bin nicht bereit, das für einen Betrag von weniger als einer Milliarde Dollar zu tun.

Die nächste Frage lautet: Gibt es eine kleinere Version dieser Erfahrung, die ich in größerem Umfang anbieten kann?

Gehen Sie einfach immer einen Schritt zurück, bis Sie zu etwas kommen, mit dessen Zeitaufwand oder Kosten Sie zu leben bereit sind (oder erhöhen Sie natürlich Ihren Preis massiv, damit es sich für Sie lohnt - d. h. die Milliarde Dollar, um bei jemandem einzuziehen).

Worauf Sie sich konzentrieren sollten: Schaffung hochwertiger „One-to-many" bzw. „eins-zu-viele"-Lösungen. Dies sind die Lösungen, bei denen in der Regel die größte Diskrepanz zwischen Kosten und Wert besteht.

Beispiel für niedrige Kosten und hohen Wert: Bevor ich mein erstes Fitnessstudio eröffnete, hatte ich ein Unternehmen für Online-Training. Ich erstellte eine kleine Tabelle, die nach Eingabe aller Ziele automatisch über 100 Mahlzeiten generierte, die perfekt auf den Makronährstoff- und Kalorienbedarf der Person abgestimmt waren. Die Tabelle enthielt genaue Angaben darüber, was Kunden im Supermarkt einkaufen mussten und wie sie die Mahlzeiten in großen Mengen zubereiten konnten.

Ich habe etwa 100 Stunden gebraucht, um das Ganze auf die Beine zu stellen. Von diesem Zeitpunkt an verkaufte ich wirklich personalisierte Ernährungspläne zu sehr teuren Preisen, aber ich brauchte nur etwa 15 Minuten, um sie zu erstellen. Hoher Wert, niedrige Kosten.

Endergebnis: Lösungen dieser Art verursachen einmalig sehr hohe Kosten für die Erstellung, aber einen unendlich niedrigen zusätzlichen Aufwand danach. Das ist es, was Sie wollen. Das schafft ein skalierbares, profitables Geschäft.

Übung Nr. 20 (Angebotsschritt 5b): Alles zusammenfügen

Fassen wir dies zusammen, bevor wir unser abschließendes hochwertiges Ergebnis konfigurieren.

Schritt 1: Wir haben das Wunschergebnis unserer potenziellen Kunden herausgefunden.

Schritt 2: Wir haben alle Hindernisse aufgelistet, auf die sie auf ihrem Weg stoßen werden (unsere Chancen für einen Mehrwert).

Schritt 3: Wir haben all diese Hindernisse als Lösungen aufgelistet.

Schritt 4: Wir haben uns überlegt, wie wir diese Lösungen anbieten können.

Schritt 5a: Wir haben diese Möglichkeiten auf die Dinge getrimmt, die für uns den höchsten Wert und die niedrigsten Kosten darstellten.

Alles, was wir jetzt tun müssen, ist …

Schritt 5b: Alle Pakete zu einem hochwertigen Endprodukt zusammenzufügen.

SCHREIBEN SIE DIE OPTIONEN MIT HOHEM WERT UND NIEDRIGEN KOSTEN AUF EINE NEUE SEITE ODER IN EIN SEPARATES DOKUMENT. WEISEN SIE JEDER EINEN REALISTISCHEN WERT ZU. FÜGEN SIE DANN ALLES ZUSAMMEN.

Nachfolgend finden Sie Beispiele, wie ich die Übung durchführe.

Hinweis zur Struktur

Ich werde jedes Problem-Lösungs-Set wie folgt darstellen:

Problem → Lösungswortlaut → Attraktiverer Name für das Set.

Darunter sehen Sie dann das eigentliche Lieferungsmittel (was wir tatsächlich für unsere Kunden tun/zur Verfügung stellen werden).

Beispiel Punkt 1: *Lebensmittel einkaufen→* Wie jeder schnell, einfach und günstig Lebensmittel einkaufen kann → Narrensicheres Schnäppchensystem für den Lebensmitteleinkauf. . . das Hunderte von Dollar pro Monat für Ihre Lebensmittel einsparen wird und weniger Zeit benötigt als Ihre derzeitige Einkaufsroutine (1.000 Dollar Wert für das Geld, das Sie ab diesem Zeitpunkt in Ihrem Leben sparen werden)

    a) 1-zu-1-Ernährungs-Orientierung, wo ich erkläre, wie etwas zu verwenden ist …

    b) Aufgezeichnete Einkaufstour

    c) DIY-Einkaufs-Rechner

    d) Jeder Plan enthält seine eigene Liste für jede Woche

    e) Training, wie man beim Lebensmitteleinkauf Schnäppchen macht

f) Lebensmittel-Buddy-System

g) Vorgefertigte Insta-Cart-Einkaufswagen für die Lieferung

h) Und ein wöchentlicher Check-in via Text.

Beispiel Punkt 2: *Kochen→* In 5 Minuten fertig: Koch-Ratgeber für vielbeschäftigte Eltern . . . wie jeder sich gesund ernähren kann, auch wenn man keine Zeit hat (600 Dollar Wert durch Zeitersparnis von 200 Stunden pro Jahr - das sind vier Wochen Arbeit!)

a) 1-zu-1-Ernährungs-Orientierung, wo ich erkläre, wie etwas zu verwenden ist …

b) Anleitungen zur Mahlzeitenvorbereitung und -zubereitung

c) DIY-Rechner für die Mahlzeitenzubereitung

d) Jeder Plan enthält seine eigenen Mahlzeitenzubereitungs-Anweisungen für jede Woche

e) Mahlzeitenvorbereitungs-Buddy-System

f) Ratgeber für gesunde Snacks in unter 5 Minuten

g) Einen wöchentlichen Beitrag, den Kunden verfassen, um mich für Feedback zu markieren

Beispiel Punkt 3: *Essen→* Personalisierter „Das-Wasser-läuft-im-Mund-zusammen“-Mahlzeitenplan . . . so gut, dass er leichter zu befolgen ist als das, was Sie sich früher „zurechtgemogelt“ haben, und weniger kostet! (500 Dollar Wert)

a) 1-zu-1-Ernährungs-Orientierung, wo ich erkläre, wie etwas zu verwenden ist …

b) Personalisierter Speiseplan

c) Anleitung für morgendliche 5-Minuten-Shakes

d) Preisgünstige 5-Minuten-Mittagessen

e) Preisgünstige 5-Minuten-Abendessen

f) Mahlzeiten in Familiengröße

g) Ein tägliches Bild der Mahlzeiten

h) 1-zu-1-Feedback-Meeting, um Anpassungen am Plan vorzunehmen (und den Kunden ein zusätzliches Angebot zu machen)

Verbleibende Beispiele für unser Grand-Slam-Angebot …

Sport→ Fettverbrennungs-Workouts, die nachweislich mehr Fett verbrennen als sonstige … angepasst an Ihre Bedürfnisse, damit Sie nie zu schnell voranschreiten, eine Grenze erreichen oder Verletzungen riskieren (Wert: 699 Dollar)

Reisen→ Der ultimative „Stärken Sie sich auf Reisen" Essens- und Workout-Plan . . . für erstaunliche Workouts ohne Geräte, damit Sie sich nicht schuldig fühlen, wenn Sie sich amüsieren (Wert: 199 Dollar)

Wie man es tatsächlich durchhält → Das „Niemals fallen"-Verantwortlichkeitssystem … das unschlagbare System, das ohne Ihre Erlaubnis funktioniert (es hat sogar Menschen, die es hassen, ins Fitnessstudio zu gehen, dazu gebracht, sich darauf zu freuen) (Wert: 1000 Dollar)

Wie man sozial bleibt → Das System zum Abnehmen und Aufpeppen beim Essengehen, das Ihnen die Freiheit gibt, auswärts zu essen und das Leben zu leben, ohne sich wie ein Außenseiter zu fühlen (Wert: 349 Dollar)

Gesamtwert: 4.351 Dollar(!) und das alles für nur 599 Dollar.

Können Sie sich vorstellen, wie viel wertvoller das ist als eine Mitgliedschaft im Fitnessstudio?

Das Grand-Slam-Angebot erfüllt <u>**drei**</u> Kernaufgaben:

1) Es löst *alle* wahrgenommenen Probleme (nicht nur einige).

2) Es verleiht Ihnen die Überzeugung, dass das, was Sie verkaufen, einzigartig ist (sehr wichtig).

3) Es macht es unmöglich, Ihr Unternehmen oder Ihr Angebot mit dem eines anderen Anbieters zu vergleichen oder zu verwechseln.

Uff! Endlich haben wir das, was wir liefern werden, in seiner ganzen Pracht.

Wichtiger Hinweis: So würde man es nicht darstellen. Es wäre wahrscheinlich überwältigend. Ich erkläre Ihnen im nächsten Abschnitt, wie man es präsentiert.

Zusammenfassende Punkte

Wir haben jetzt ein Grand-Slam-Angebot, das nicht an konventionelle Preise gebunden ist. Sie können in einer Einer-Kategorie verkaufen und konkurrieren mit *niemandem*. Die potenziellen Kunden werden nur noch nach dem *Wert* und nicht mehr nach dem *Preis* entscheiden, ob sie bei uns kaufen sollen. Hurra!

Da wir nun unser Kernangebot haben, widmen wir uns im nächsten Abschnitt der *Verbesserung* dieses Angebots. Wir werden eine Kombination aus psychologischen Hebeln einsetzen: Boni, Dringlichkeit, Knappheit, Garantien und Namensgebung.

GRATISGESCHENK Nr. 5 BONUS-TUTORIAL: ANGEBOTSERSTELLUNG TEIL 1

Wenn Sie den Prozess mit mir live durchgehen möchten, gehen Sie auf **Acquisition.com/training/offers** und wählen Sie „Offer Creation Part 1", um sich ein kurzes Video-Tutorial anzusehen. Wie immer ist das absolut kostenlos. Ich habe auch eine kostenlose Checkliste zur Angebotserstellung für Sie, die Sie sofort in Ihrem Unternehmen einsetzen können. Sie können auch den QR-Code scannen, wenn Sie nicht tippen möchten. Es ist absolut kostenlos. Viel Spaß!

GRATISGESCHENK Nr. 6: BONUS-TUTORIAL: ANGEBOTSERSTELLUNG TEIL II:

Wenn Sie den Prozess des gewinnmaximierenden Trimmens und Stapelns mit mir live durchgehen möchten, gehen Sie auf **Acquisition.com/training/offers** und wählen Sie „Angebote erstellen Teil 2". Dort finden Sie auch einige Checklisten, die ich erstellt habe, um diesen Prozess für Sie zu vereinfachen, damit Sie sie für jedes Produkt, das Sie erstellen, wiederverwenden können. Sie können auch den QR-Code scannen, wenn Sie nicht tippen möchten. Wie immer ist das Ganze absolut kostenlos. Viel Spaß!

VERBESSERN SIE IHR GRAND-SLAM-ANGEBOT:

Es gibt fünf Elemente, die Sie einführen können, um mehr Menschen dazu zu bringen, Ihr Produkt zu kaufen: Knappheit, Dringlichkeit, Boni, Garantien, Namensgebung. Ich werde Ihnen zeigen, wie ich:

1) *Knappheit* nutze, um die Verfügbarkeit zu verringern und die Preise zu erhöhen (und indirekt die Nachfrage durch die wahrgenommene Exklusivität zu steigern).

2) *Dringlichkeit* nutze, um die Nachfrage zu steigern, indem die Handlungsschwelle eines potenziellen Kunden herabgesetzt wird.

3) *Boni* nutze, um die Nachfrage zu steigern (und die *wahrgenommene Exklusivität* zu erhöhen).

4) *Garantien* nutze, um die Nachfrage durch Umkehrung des Risikos zu steigern.

5) *Namen* nutze, um die Nachfrage wieder anzukurbeln und die Bekanntheit meines Angebots bei meiner Zielgruppe zu steigern.

Lassen Sie uns mit Knappheit anfangen.

Problem Nr. 7: Die Leute kaufen nicht → Lösung Nr. 7: Sorgen Sie für Knappheit

„Ausverkauft."

KNAPPHEIT (X ÜBRIG / Y PLÄTZE)
↳ ANZAHL DER EINHEITEN / VERFÜGBARKEIT

Knappheit schaffen

Wenn es nur ein begrenztes Angebot oder eine bestimmte Menge an Produkten oder Dienstleistungen gibt, die zum Kauf angeboten werden, entsteht „Knappheit" oder „Angst, etwas zu verpassen". Das erhöht die Notwendigkeit, zu handeln und somit Ihr Angebot zu kaufen. In diesem Fall teilen Sie öffentlich mit, dass Sie nur X Produkte herausgeben oder nur Y neue Kunden aufnehmen können.

Beispiel: Wenn ein Musiker einen Kapuzenpullover in limitierter Auflage herausbringt und sagt, dass er nur 100 Stück herstellen ließ und diese nie wieder hergestellt werden, ist es dann wahrscheinlicher, dass Sie diesen kaufen, als einen, der immer erhältlich ist? Wahrscheinlicher, natürlich. Die Vorstellung, dass man ihn *nie* wieder bekommen kann, macht ihn begehrenswerter.

Menschen sind weitaus stärker motiviert, etwas zu tun, um eine knappe Ressource zu horten, als etwas zu tun, das ihnen *helfen* könnte. Die *Furcht vor Verlust* ist stärker als der *Wunsch nach Gewinn*. Wir setzen diesen psychologischen Hebel ein, um Ihre Kunden dazu zu bringen, wie im Rausch zu kaufen, und zwar alle auf einmal, bis Sie *ausverkauft* sind.

Drei Arten von Knappheit

1) Begrenztes Angebot an Plätzen/Terminen: generell oder über einen Zeitraum von X.

2) Begrenztes Angebot an Boni.

3) Nie wieder verfügbar.

Aber wie setzt man das richtig ein, ohne falsch zu wirken? Ich werde versuchen, Ihnen einige Beispiele aus der Praxis zu geben.

Physische Produkte

Beispiele: Sie können eine begrenzte Anzahl von Geschmacksrichtungen, Farben, Designs, Größen usw. herausbringen. „Diesen Monat bringen wir 100 Schachteln Proteinriegel mit Minzschokoladengeschmack heraus." Wichtig: Um diese Methode richtig zu nutzen, <u>sollten Sie *immer* ausverkauft sein</u>. Und - ganz wichtig - stellen Sie sicher, dass Sie es allen mitteilen, wenn Sie es geschafft haben, damit sie beim nächsten Mal schneller kaufen.

Dienstleistungen

1) **Geschäftsobergrenze insgesamt** – *Nur ... X Kunden annehmen.* Wir nehmen nur X Kunden auf dieser Dienstleistungsebene an (fortlaufend). Dadurch wird die Anzahl der Kunden, die Sie betreuen, begrenzt, aber es sorgt auch dafür, dass diese Kunden bei Ihnen bleiben. Sie erstellen eine Warteliste für neue Interessenten. In dem Moment, in dem sich die Tür öffnet, springen sie sofort hinein und der Preiswiderstand verschwindet. In regelmäßigen Abständen können Sie die Kapazität um 10-20 % erhöhen und dann wieder eine Obergrenze festlegen. Das funktioniert gut für Ihre höchsten Stufen oder Servicelevels.

   a) **Beispiel**: „Meine Agentur wird insgesamt nur fünfundzwanzig Kunden betreuen. Punkt." Im Laufe der Zeit können Sie Ihre Preise erhöhen und die Kunden mit geringerer Leistung verdrängen und neue, rentablere Kunden hinzugewinnen, oder Sie können in regelmäßigen Abständen „Slots" öffnen, wie es Ihre Kapazität erlaubt (wobei immer ein gewisser Bedarf offenbleibt).

2) **Begrenzung der Wachstumsrate** - *Nur X Kunden pro Woche annehmen (fortlaufend).* Kennen Sie Ihre wöchentliche Kapazität und teilen Sie potenziellen Kunden mit, wie viele freie Plätze noch verfügbar sind

   a) **Beispiel**: „Wir nehmen nur 5 neue Kunden pro Woche an und die ersten 3 Plätze sind bereits vergeben. Ich habe diese Woche noch 6 Anrufe, also können entweder Sie einen der noch freien Plätze nehmen oder einer meiner nächsten Anrufer tut das - und Sie können warten, bis wir wieder öffnen."

3) **Kohorten-Obergrenze** - *Nur ... X Kunden pro Klasse oder Kohorte annehmen.* Ähnlich wie oben, aber in der von Ihnen gewünschten Kadenz. Nur X Kunden pro Klasse oder Kohorte in einem bestimmten Zeitraum zu akzeptieren, ist eine weitere Möglichkeit, darüber nachzudenken. Stellen Sie sich vor, Sie nehmen nur monatlich oder vierteljährlich Kunden auf. Auf diese Weise können Sie in Ihrem Unternehmen eine gewisse Kadenz einführen und gleichzeitig Ihrem Vertriebsteam eine legitime Verknappung ermöglichen.

a) **Beispiel**: „Wir nehmen 4-mal im Jahr 100 Kunden auf. Wir öffnen die Türen und schließen sie wieder." Etc.

Ehrliche Knappheit (Die ethischste Knappheit)

Die einfachste Knappheitsstrategie ist <u>Ehrlichkeit</u>. Fast jedes Unternehmen ist in irgendeiner Weise in seiner Kapazität beschränkt, seine Produkte zu liefern/seine Dienstleistungen zu erbringen. Lassen Sie Ihre Kunden einfach davon wissen und nutzen Sie Ihre ehrlichen Grenzen, um den Umsatz zu steigern. Wenn Sie in diesem Monat nur 5 neue Kunden bedienen können, sagen Sie es den Leuten - *und* - setzen Sie diese Obergrenze.

Beispiel: „Wir sind diese Woche zu 80 % ausgelastet. Wenn Sie dabei sein wollen, müssen Sie mir jetzt Bescheid sagen." wird mehr Leute dazu bringen, bei Ihnen zu kaufen, als wenn Sie es ihnen nicht sagen.

Tipp für schnelles Geld durch Knappheit

- Bieten Sie einen sehr begrenzten Vorrat an 1-zu-1-Zugängen für Sie an (denken Sie an 5-10 Personen).

- Wählen Sie einen Kommunikationsstil, den Sie nicht verabscheuen: Direktnachrichten-Zugang. E-Mail-Zugang. Telefonischer Zugang. Zugang via Sprachnotizen. Zoom-Zugang. Etc.

- Setzen Sie einen *sehr* hohen Preis an - einen, für den Sie die Leistung *mit Begeisterung* erbringen würden - denken Sie an das 10-100-fache des normalen Preises.

- Erzählen Sie dann den Leuten davon. Und lassen Sie es wissen, wenn Sie ausverkauft sind.

Übung Nr. 21: Sorgen Sie für Knappheit

Produkte: Denken Sie darüber nach

- wie hoch Ihre tatsächliche Bestandsgrenze ist
- wie groß Ihre Kapazität ist, diese Menge an Beständen innerhalb eines bestimmten Zeitfensters zu liefern

Dienstleistungen: Denken Sie darüber nach

- wie groß Ihre Kapazität ist, an einem bestimmten Tag oder in einer bestimmten Woche neue Klienten oder Kunden aufzunehmen
- wie groß Ihre Gesamtkapazität ist, um Kunden in Ihrem Unternehmen zu halten (besonders wertvoll für Einzelunternehmer und lokale Unternehmen mit echten Obergrenzen)

Listen Sie Ihre tatsächliche Knappheit hier auf: _____

_____

Führen Sie dies <u>überall auf</u>, wo Sie für Ihr Angebot werben, und erwähnen Sie es auch in Ihrem Verkaufsgespräch.

Zusammenfassende Punkte

Knappheit ist eine Funktion der Mengenbegrenzung - anders ausgedrückt: *wie viel man noch hat.*

- **Physische Produkte:** begrenzte Auflagen, Geschmacksrichtungen, Größen, Designs usw. Sie alle schaffen Knappheit.

- **Dienstleistungen**: Gesamtgeschäftslimit, wöchentliches Kapazitätslimit, rollierende Kohorten - all das schafft Knappheit.

- Sagen Sie nie, dass Sie eine bestimmte Menge haben, und lassen Sie dann mehr Leute kaufen. Wenn Sie eine begrenzte Menge haben, begrenzen Sie sie. Verkaufen Sie aus. Sonst verlieren Sie jedes Vertrauen.

Entscheiden Sie sich für eine Strategie der Knappheit - seien Sie ehrlich, was Ihre Grenzen angeht - und lassen Sie Ihre Kunden davon wissen. Dann werden Sie sehen, wie Ihre Verkäufe steigen.

Problem Nr. 8: Die Leute kaufen nicht → Lösung Nr. 8: Sorgen Sie für Dringlichkeit

„Fristen. Treiben. Entscheidungen."
– Ich

DRINGLICHKEIT (PRO TAG/MONAT/JAHR)

→ ZEITBEZOGEN

5...4...3...2...1... ERLEDIGT!

Knappheit ist eine Funktion der *Menge*. Dringlichkeit ist eine Funktion der *Zeit*.

Hier beschränken Sie *nur, wann* sich die Leute anmelden können, nicht *wie viele*. Eine bestimmte Frist oder ein bestimmter Termin für einen Kauf oder eine Aktion schafft Dringlichkeit. Häufig werden die Begriffe Knappheit und Dringlichkeit zusammen verwendet, aber ich werde sie für Sie trennen, um die Konzepte zu veranschaulichen.

Ich zeige Ihnen meine vier Lieblingsmethoden, um Dringlichkeit konsequent und ethisch zu nutzen:

1) Fortlaufende Kohorten

2) Rollierende saisonale Dringlichkeit

3) Dringlichkeit durch Werbung oder Preisgestaltung

4) Explodierende Chance

1) Kohortenbasierte fortlaufende Dringlichkeit

Sie *nehmen Kunden in einem regelmäßigen Turnus auf.* Je seltener Sie Kunden den Einstieg ermöglichen, desto stärker ist die Wirkung, wenn Termine anstehen. Allerdings müssen Sie mit einem geringeren Umsatz rechnen, je weiter Sie davon entfernt sind. Für kleine Unternehmen bevorzuge ich wöchentlich wechselnde Kohorten. Sie bieten viele der Vorteile der Dringlichkeit bei geringen Kosten.

Beispiel: Wenn Sie zum Beispiel alle neuen Kunden immer am Montag aufnehmen (auch in unbegrenzter Zahl), können Sie sagen: *„Wenn Sie sich heute anmelden, kann ich Sie in unsere nächste Gruppe aufnehmen, die am Montag beginnt, ansonsten müssen Sie bis zu unserem nächsten Starttermin warten."*

Beispiel: Eine andere Möglichkeit, das Ganze noch wirkungsvoller zu gestalten: *„Ich habe einen Kunden, der sich vor Wochen angemeldet hat, der mir aber abgesprungen ist, sodass ich einen Platz für unsere nächste Gruppe frei habe, die am Montag beginnt. Wenn Sie sich ziemlich sicher sind, dass Sie das früher oder später machen werden, können Sie genauso gut jetzt einsteigen, damit Sie die Früchte früher ernten können, anstatt dasselbe zu zahlen und zu warten."*

Operative Vorteile: Rollierende Kohorten haben den zusätzlichen operativen Vorteil, dass sie Ihnen helfen, ein choreografiertes Onboarding-Erlebnis für neue Kunden zu schaffen. Sie können *an einem Tag* Ressourcen hinzufügen, um allen Kunden ein besseres Erlebnis zu bieten, ohne jeden Tag in der Woche die Kosten dafür tragen zu müssen.

Wie man mit Käufern umgeht, die „in der Mitte der Kohorte" kaufen wollen:

1) Option 1: Bieten Sie ihnen als „Bonus" für die heutige Anmeldung, ein schnelles, personalisiertes Onboarding an, um sie auf den neuesten Stand zu bringen und sie trotzdem einzubinden. Mir gefällt das nicht, aber wenn Sie Miete zahlen müssen ist das in Ordnung.

2) Option 2: (Meine Präferenz) Erläutern Sie die Vorteile des Wartens auf den Beginn der nächsten Kohorte: mehr Zeit, um die Materialien zu prüfen, mit ihren Mitarbeitern (bei B2B-Produkten) oder Familienmitgliedern (bei B2C-Produkten) zu sprechen, die Zahlungen im Rahmen eines Zahlungsplans zu verlängern oder alles andere, was Ihnen einfällt.

2) Rollierende saisonale Dringlichkeit

Countdown bis zu einem echten Datum, das an eine saisonale Änderung oder einen Feiertag gebunden ist. Dies funktioniert genauso wie fortlaufende Kohorten, nur dass sie wahrscheinlich länger laufen und in geringerer Anzahl vorhanden sind. Denken Sie an „monatliche Werbeaktionen".

Beispiel: Unsere Neujahrsaktion endet am 30. Januar!

Nächster Monat: Unsere Valentinstags-Aktion für Verliebte endet am 30. Februar!

Nächster Monat: Unsere „Sexy für den Frühling"-Aktion endet am 31. März!

Nächster Monat: Unsere April-Aktion „Verliebte Narren" endet am 30. April!

Planen Sie das ganze Jahr im Voraus und wechseln Sie die Aktionen regelmäßig ab. Beobachten Sie, wie die Verkäufe zu Beginn eines jeden Monats, wenn Sie die Aktion ankündigen, und am Ende, wenn die Aktion ausläuft, in die Höhe schnellen ...

Lokale Unternehmen: Dies ist meine wichtigste Strategie für lokale Unternehmen. Sie müssen ihr Marketing häufiger variieren als nationale Werbetreibende. Eine neue Verpackung mit einem Datum für die gleiche Kerndienstleistung gibt Ihnen Dringlichkeit und Neuartigkeit, die die „gleichen alten" Kampagnen immer wieder übertreffen werden.

3) Preis- oder Bonus-basierte Dringlichkeit

Schaffen Sie Dringlichkeit, indem Sie Rabatte oder Boni als das nutzen, was Kunden verpassen könnten.

Beispiel: *„Ja, lassen Sie uns noch heute anfangen, damit Sie den Rabatt nutzen können, für den Sie gekommen sind. Ich bin mir nicht sicher, wie lange wir diese Aktion durchführen werden, da wir sie alle 4 Wochen oder so* ändern, *und dies ist eine der besten, die wir seit langem durchgeführt haben."*

Sie lassen den Rabatt oder Bonus in regelmäßigen Abständen rotieren und bringen die Leute dazu, sich für das „Extra" anzumelden.

Tipp: Wenn Sie vorhaben, die Preise zu erhöhen, <u>lassen Sie es die Leute wissen</u>. „Der Preis wird erhöht! Also steigen Sie jetzt ein!" Das verschafft Ihnen einen Zustrom von Geld von den Leuten, die in der Planungsphase waren und noch zögerten.

4) Explodierende Chance

Großartige Gelegenheiten bleiben nicht ewig großartig. Sie klären den Kunden darüber auf, dass es sich um eine einmalige Gelegenheit handelt. Nämlich, dass sie heute extrem wertvoll ist, aber jeder Moment, den er zögert, verringert seine Chance, da mehr Menschen davon erfahren.

B2B-Beispiel: Wenn ich eine Arbitragemöglichkeit zwischen dem Kauf von Produkten auf eBay und ihrem Verkauf auf Amazon erklärte, würde sich diese Marktineffizienz mit der Zeit von selbst korrigieren. Je früher jemand handelt, desto besser wird es für ihn sein.

Beispiel Arbeitnehmer: In stark umkämpften Arbeitsumfeldern erhalten sie häufig Jobangebote, die „explodierende Angebote" sind - jeden Tag, den sie warten, um den Job anzunehmen, sinken ihr Gehalt oder ihre Prämien. Dies zwingt die Interessenten, sich schnell zu entscheiden, anstatt abzuwarten, ob sie ein besseres Angebot erhalten.

Wenn Sie eine Chance anbieten, die im Laufe der Zeit an Wert verliert - *lassen Sie es die Leute wissen.*

Übung Nr. 22: Dringlichkeit schaffen

Erstellen Sie jeweils ein Beispiel für die ersten 3 Arten von Dringlichkeit in Ihrem Unternehmen. Wenn möglich, kreieren Sie für das, was Sie verkaufen, explodierende Dringlichkeit.

Kohortenbasierte Dringlichkeit: _____

_____

Rollierende saisonale Dringlichkeit: _____

_____

Preis- oder Bonus-basierte Dringlichkeit: _____

_____

Explodierende Chance: _____

_____

Verwenden Sie die Option(en), die am besten zu Ihrem Unternehmen/Ihren Produkten passen.

Zusammenfassende Punkte

- Wählen Sie eine der vier Arten von Dringlichkeit.

- Legen Sie eine Deadline fest.

- Informieren Sie die Leute darüber.

- Und dann wiederholen Sie es.

GRATISGESCHENK Nr. 7: BONUS-TUTORIAL: WIE SIE KNAPPHEIT UND DRINGLICHKEIT ETHISCH NUTZEN KÖNNEN

Wenn Sie mit mir live einige (ethische) Beispiele für Knappheit und Dringlichkeit durchgehen möchten, gehen Sie auf **Acquisition.com/training/offers** und wählen Sie **„Knappheit und Dringlichkeit"** aus, um ein kurzes Video-Tutorial anzusehen. Dort können Sie sich auch meine **Checkliste für Knappheit und Dringlichkeit** ansehen, die ich bei der Erstellung von Angeboten verwende. Sie können auch den QR-Code scannen, wenn Sie nicht gerne tippen. Wie immer ist das Ganze absolut kostenlos. Viel Spaß!

Problem Nr. 9: Die Leute kaufen nicht → Lösung Nr. 9: Fügen Sie Boni hinzu

„Alles dreht sich um die Sauce, Baby"
– In Anlehnung an ein altes englisches Sprichwort.

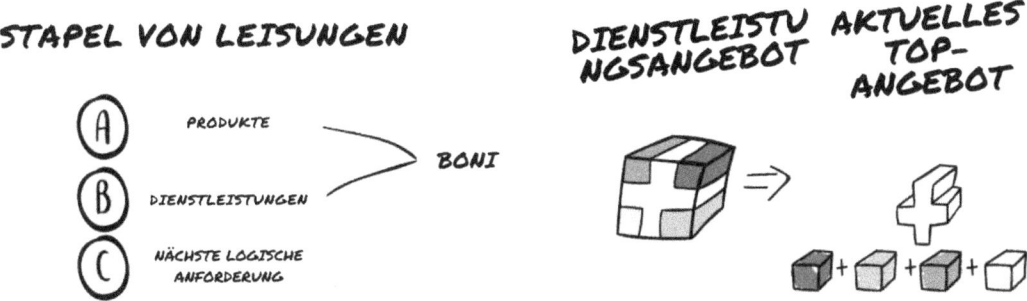

Hauptpunkt: *Ein einzelnes Angebot ist weniger wertvoll als dasselbe Angebot, das in seine Einzelteile zerlegt und als Boni gestapelt wird* (siehe Bild). Das ist der Grund, warum jeder Werbespot aller Zeiten mit „Aber warten Sie … es gibt noch mehr!" fortgesetzt wird. <u>Es funktioniert.</u>

Sie legen den Preis fest und bauen dann das Angebot aus, bis Interessenten das Gefühl haben, dass *es ein so gutes Angebot ist, dass es dumm wäre, es sich entgehen zu lassen.* Mit jedem immer wertvolleren Bonus wächst die Diskrepanz zwischen Preis und Wert, bis sie zu groß wird, um sie zu ertragen. Dann reißt das Gummiband, das die Brieftasche des Interessenten in der Tasche hält, und er kauft.

Boni vs. Rabatte: Sobald ich meinen <u>tatsächlichen</u> Preis präsentiere, gebe ich keinen Rabatt mehr. Preise sind nicht verhandelbar. Aber Boni schon. Wenn ich also jemanden habe, der *fast* bereit ist zu kaufen, füge ich Boni hinzu und warte erneut auf den Verkauf. Ich ziehe einen nach dem anderen heraus und warte jedes Mal auf den Verkauf. Und füge sie so lange hinzu, bis Interessenten *sich dumm vorkommen, wenn sie nein sagen.*

Sie können jedem Kunden die gleichen Boni geben, auch wenn er bei der ersten Anfrage „Ja" sagt. Sie präsentieren sie einfach, *nachdem* der Kunde gekauft hat. Dadurch werden Kunden Sie noch mehr dafür lieben, dass Sie auf Anhieb so viel liefern.

Bonus-Taktiken

Verwenden Sie alle Ihre Angebotskomponenten aus Lösung Nr. 6 „Trimmen und stapeln". Jede dieser Angebotskomponenten wird nun als Waffe eingesetzt und zum perfekten Zeitpunkt präsentiert, indem sie nacheinander gestapelt werden. Hier sind einige bewährte Verfahren, die ich in meiner Zeit gefunden habe:

1) Bieten Sie immer Boni an - Sie werden dadurch nicht *weniger* verkaufen.

2) Geben Sie Ihren Boni einen besonderen Namen, der einen Nutzen im Titel hat.

3) Erklären Sie den Kunden:

   a) Was der Bonus mit dem zu lösenden Problem der Kunden zu tun hat

   b) Was er genau ist

   c) Wie Sie darauf gekommen sind oder was Sie tun mussten, um diesen Bonus zu entwickeln

   d) Wie der Bonus das Leben der potenziellen Kunden konkret verbessern oder ihre Erfahrungen verbessern wird

      i) Schneller, einfacher oder weniger Aufwand (Wertgleichung)

4) Beweisen Sie, dass diese Sache wertvoll ist (dies kann eine Statistik, ein früherer Kunde oder eine persönliche Erfahrung sein).

5) Malen Sie ein lebhaftes Bild davon, wie das Leben der Interessenten aussehen wird, wenn sie die Sache bereits nutzen und die Vorteile erleben.

6) Schreiben Sie ihnen immer ein „Preisschild" dazu und rechtfertigen Sie es.

7) Tools und Checklisten sind besser als zusätzliche Schulungen (da Aufwand und Zeit bei ersteren geringer sind, ist der Wert höher. Die Wertgleichung steht immer noch an erster Stelle).

8) Boni sollten jeweils ein bestimmtes Anliegen/Hindernis im Kopf des Interessenten ansprechen, warum er nicht erfolgreich sein kann oder wird (der Bonus sollte beweisen, dass seine Überzeugung falsch ist).

9) Dies kann auch das sein, was er logischerweise als nächstes braucht. Sie wollen das nächste Problem lösen, bevor es überhaupt auftritt.

10) Der Wert der Boni sollte den Wert des Kernangebots in den Schatten stellen. Psychologisch gesehen wird die Diskrepanz zwischen Preis und Wert immer größer, je mehr Angebote Sie hinzufügen. Außerdem wird dadurch unbewusst

kommuniziert, dass das Hauptangebot wertvoll sein muss, denn wenn dies die Boni sind, *muss* die Hauptsache wertvoller sein als die Boni, oder? (Nein, aber Sie können diese psychologische Voreingenommenheit nutzen, um Ihr Angebot äußerst überzeugend erscheinen zu lassen.)

11) Alles, in das Sie einmalig investieren können und dessen Erstellung offensichtlich Zeit oder Geld kostet, das dann aber unendlich oft verschenkt werden kann, eignet sich perfekt als Bonus. Beispiel: Checklisten, Tools, Swipe-Dateien, Skripte und Vorlagen sind hervorragende Boni.

12) Zeichnen Sie jeden Kunden-Workshop, jedes Webinar, jede Veranstaltung und jedes Interview auf und nutzen Sie sie als zusätzliche Boni.

13) Bonus oder Teil des Hauptangebots? Kurze Antwort: Knistern. Oft bietet man so viel „Zeug" an, dass wertvolle Teile in der Mischung untergehen können. Heben Sie die wertvollsten Teile als Boni hervor. Beispiel: Jemand hält es vielleicht nicht für gerechtfertigt, viel Geld für eine Checkliste oder eine Infografik zu bezahlen, aber als Bonus kann sie als wertvoller empfunden werden.

14) Sie können den Wert Ihrer Boni noch weiter steigern, indem Sie den Bonus selbst mit Knappheit und Dringlichkeit versehen (was diese Strategie auf die Spitze treibt).

    a) <u>Boni mit Knappheit</u>

        <u>Version 1</u>: Nur Personen, die sich für das XZY Programm anmelden, haben Zugang zu meinen Boni Nr. 1, 2, 3, die niemals zum Verkauf stehen oder irgendwo anders als durch dieses Programm erhältlich sind.

        <u>Version 2</u>: Ich habe 3 Tickets für mein virtuelles 5.000 Dollar Event übrig. Wenn Sie dieses Programm kaufen, können Sie eines der letzten 3 Tickets als Bonus erhalten.

    b) <u>Boni mit Dringlichkeit</u>

        <u>Version 1</u>: Wenn Sie heute kaufen, lege ich den Bonus XYZ dazu, der normalerweise 1.000 Dollar kostet, und zwar kostenlos. Und das mache ich, weil ich diejenigen belohnen will, die etwas tun.

    c) Hoffentlich können Sie die feinen Unterschiede erkennen. Die ersten beiden Beispiele sind nicht an die Zeit gebunden. Sie besagen, dass Sie, wenn Sie das Programm kaufen, Dinge bekommen, die Sie normalerweise nicht bekommen würden. Bei dem Bonus mit Dringlichkeit geht es darum, dass sie heute kaufen, und wenn sie heute nicht kaufen, verlieren sie diese Boni. Ein kleiner Unterschied, aber erwähnenswert.

15) Sie können auch eine Garantie selbst zu einem Bonus machen. Beispiel: *„Ich möchte Ihnen die Angst nehmen, heute eine Entscheidung zu treffen. Wenn Sie sich also heute entscheiden, weiterzumachen, gebe ich Ihnen auch eine 30-tägige Geldzurück-Garantie, die ich normalerweise nicht anbiete."*

Übung Nr. 23: Fügen Sie Ihre eigenen Boni hinzu

Nehmen Sie die überzeugendsten Punkte aus Ihrer Lösungsliste. Denken Sie an fünf bis sieben. Heben Sie sich diese für den Schluss auf, wenn Sie die Interessenten zum Handeln bewegen müssen. Fügen Sie ruhig neue Boni hinzu, die Ihnen durch die obigen Punkte in den Sinn gekommen sind.

Bonus 1: _____

Bonus 2: _____

Bonus 3: _____

Bonus 4: _____

Bonus 5: _____

Bonus 6: _____

Bonus 7: _____

Zur Erinnerung: Sie geben trotzdem jedem Kunden, der kauft, alle Boni. Den leicht zum Kauf zu bewegenden Kunden geben Sie die Boni nach dem Kauf. Den schwer zum Kauf zu bewegenden Kunden geben Sie die Boni, bevor sie kaufen, und werben dann erneut um den Kauf. Die übrig gebliebenen Boni teilen Sie Ihren Kunden später mit, damit sie Sie noch mehr lieben.

Boni für Fortgeschrittene - Produkte und Dienstleistungen von anderen Unternehmen

Bieten Sie nicht konkurrierenden Unternehmen die Möglichkeit, sich Ihren Kunden kostenlos zu präsentieren, indem Sie ihnen erlauben, kostenlose/ermäßigte Muster *ihrer*

Dienstleistungen und Produkte als Teil *Ihrer* Boni abzugeben. Um sie zu finden, denken Sie einfach an all die anderen Dinge, die Ihr Kunde *vor* oder *nach* der Nutzung Ihres Produkts/ Ihrer Dienstleistung kaufen möchte. Manchmal können Sie Ihren gesamten Preis durch Boni rechtfertigen, die Sie nicht einmal liefern müssen!

Das ergibt:

Kostenloses Marketing für die anderen Unternehmen

Einen kostenlosen Mehrwert für Sie, den Sie sich trotzdem bezahlen lassen können

Eine Win-Win-Situation

Beispiel: Wenn ich zum Beispiel eine Schmerzklinik besäße, könnte ich einen Massagetherapeuten dazu bringen, mir 1-2 kostenlose Massagen zur Verfügung zu stellen, die ich in mein Angebot einbauen könnte. Darüber hinaus könnte ich noch Folgendes als Boni für meine Kunden bekommen:

... zwei kostenlose Anwendungen von einem Chiropraktiker (Wert: 100 Dollar)

... Rabatte auf die Produkte einer Firma für entzündungsarme Lebensmittel (50 Dollar Ersparnis)

... Rabatte für Zahnspangen und Orthesen (150 Dollar Ersparnis)

... eine kostenlose persönliche Trainingseinheit in einem benachbarten Fitnessstudio plus eine kostenlose einmonatige Mitgliedschaft in dessen Schwimmbad (Wert: 100 Dollar)

... Preisnachlässe auf Medikamente bei der örtlichen Apotheke (Einsparungen in Höhe von 100 Dollar/Monat)

... ...wiederholen Sie die obigen Schritte für mehrere Dienstleister (vielleicht hole ich also zehn Chiropraktiker ins Boot, die mir alle eine kostenlose Anwendung zur Verfügung stellen, dann habe ich jetzt zehn kostenlose Anwendungen in meinem Paket).

... Etc.

Wenn mein Angebot nun 400 Dollar betrug, dann ist der Wert dieser kostenlosen Boni ALLEIN mehr wert als die 400 Dollar. Und ich muss nicht einmal etwas davon selbst liefern! Ich könnte es einfach so verkaufen und den ganzen Gewinn behalten.

Taktik für Fortgeschrittene: Sie können Dritte sogar dazu bringen, Sie dafür zu bezahlen, dass Sie ihre Produkte/Dienstleistungen kostenlos weitergeben. Der Kunde bezahlt Sie also nicht nur für Ihren Rabatt, sondern Sie können auch eine Pauschalgebühr pro Empfehlung oder einen Prozentsatz des Umsatzes verlangen, den der Kunde nach Ihrer Empfehlung macht. Jetzt werden Boni zu Einkommensquellen!

Beispiel: Sagen wir also, wir haben die folgenden *Provisionen* für die Empfehlung dieser Unternehmen ausgehandelt.

... der Chiropraktiker gibt Ihnen 100 Dollar pro Person, die in seine Praxis kommt

... das Lebensmittelunternehmen gibt Ihnen kostenlose Nahrungsmittel (lecker!)

... die Orthopädietechnik-Firma gibt Ihnen 100 Dollar pro geworbene Person

... das Fitnessstudio gibt Ihnen eine kostenlose Mitgliedschaft ODER 50 Dollar pro Person, die sich anmeldet

... die Apotheke gibt Ihnen 100 Dollar pro Person

Unser 400-Dollar-Angebot hat nun die Möglichkeit, uns zusätzliche 350 Dollar zu bringen ... *reiner Gewinn*! Das ist das Schöne an diesen Beziehungen. Die anderen Unternehmen bezahlen Sie, und Sie müssen *nichts weiter* tun, als ihnen Kunden zu vermitteln, für die Sie bereits das Geld ausgegeben haben.

Übung Nr. 24: Fügen Sie Boni anderer Unternehmen zu Ihrem Angebot hinzu

Listen Sie Unternehmen auf, deren Produkte/Dienstleistungen für Ihre Kunden interessant sein könnten und mit denen Sie nicht direkt konkurrieren, und überlegen Sie, was diese Unternehmen im Gegenzug für eine Empfehlung von Ihnen kostenlos zur Verfügung stellen könnten. Nutzen Sie die obigen Beispiele zur Inspiration.

Unternehmen 1: _____ →(Gratis-Produkt)_____

Unternehmen 2: _____ →(Gratis-Produkt)_____

Unternehmen 3: _____ →(Gratis-Produkt)_____

Unternehmen 4: _____ →(Gratis-Produkt)_____

Unternehmen 5: _____ →(Gratis-Produkt)_____

Unternehmen 6: _____ →(Gratis-Produkt)_____

Zur Erinnerung: Ermitteln Sie den Verkaufswert der einzelnen Artikel. Addieren Sie diese zum Gesamtwert Ihres Angebots. Als Bonus erhalten Sie vielleicht ebenfalls einige Empfehlungen von dem Unternehmen.

Alles, was Sie tun müssen, um dieses Gespräch mit einem anderen Geschäftsinhaber zu beginnen, ist, ihn zu fragen, ob Sie ihm Kunden vermitteln können. Fast jedes Unternehmen sagt ja. Fragen Sie dann einfach, was für ein wirklich sexy Werbegeschenk Sie Ihren Kunden in deren Namen machen könnten. Mehr dazu in „100 Millionen Dollar Leads".

Zusammenfassende Punkte

Boni vergrößern die Diskrepanz zwischen Preis und Wert und bringen Menschen zum Kauf, die sonst nicht kaufen würden. Sie erhöhen die Wahrnehmung des Werts unseres Angebots durch die Interessenten. Sie können Ihre eigenen Boni entwickeln sowie die von anderen Unternehmen verwenden. Und wenn Sie gut verhandeln, können Sie von anderen Unternehmen sogar noch Geld dafür bekommen, dass Sie Ihren Kunden einen Mehrwert bieten.

GRATISGESCHENK Nr. 8: BONUS...ÜBER...BONI

Es gibt unzählige Möglichkeiten, Boni in Ihren Angeboten einzusetzen. Sie können Menschen dazu bringen, schneller zu handeln. Sie können den Preis und das Produkt verankern (wenig bekannt). Sie können mehr Leute dazu bringen, Ja zu sagen, als Sie es sonst tun würden. Wenn Sie mit mir in die Materie eintauchen möchten, gehen Sie auf **Acquisition.com/training/offers** und wählen Sie „Bonus Creation" aus, um sich ein kurzes Video-Tutorial anzusehen. Ich habe auch eine **kostenlose Bonus-Checkliste**, die Sie bei der Erstellung von Angeboten verwenden können. Ziehen Sie sie für Ihr eigenes Unternehmen durch! Sie können auch den QR-Code scannen, wenn Sie nicht tippen möchten.

Problem Nr. 10: Die Leute kaufen nicht
→ Lösung Nr. 10: Fügen Sie Garantien hinzu

„Es wird Ihnen gefallen, wie Sie aussehen ... das garantiere ich Ihnen."

- Unsterblicher Men's Wearhouse Werbe-Slogan.

GARANTIEN, DEREN GEWICHT <u>GOLD</u> WERT IST

Der größte Einwand gegen jedes Produkt oder jede Dienstleistung, die verkauft wird, ist ... Trommelwirbel ... das Risiko. Das Risiko, dass das Gekaufte nicht das tut, was es für den Kunden tun soll. Daher ist die Umkehrung des Risikos eine unmittelbare Möglichkeit, jedes Angebot attraktiver zu machen.

"WENN SIE NICHT IN EINEM ZEITRAUM VON Y EIN ERGEBNIS VON X ERZIELEN, WERDEN WIR..."

Was einer Garantie ihre Kraft verleiht, ist eine bedingte Aussage: Wenn Sie in der Zeitspanne Y nicht das Ergebnis X erhalten, werden wir Z tun.

Um eine *handfeste* Garantie zu geben, müssen Sie festlegen, was Sie tun werden, wenn das Ergebnis *nicht* erreicht wird. Ohne den „oder was"-Teil der Garantie verliert sie an Wirksamkeit.

Hinweis: Dies ist das, was die meisten Vermarkter tun. Und warum sie meistens nicht funktionieren.

Beispiel für eine schlechte Garantie: Wir werden Ihnen garantiert 20 Kunden vermitteln.

Beispiel für eine bessere Garantie: Sie werden in den ersten 30 Tagen 20 Kunden gewinnen - oder wir geben Ihnen Ihr Geld zurück + erstatten Ihre bei uns ausgegebenen Werbeausgaben. Dies ist eine einfache, aber starke Garantie.

Garantien können die Umsätze um das 2-4-fache steigern. Also ja, konzentrieren Sie sich auf sie.

Ich werde kurz auf die Mathematik der Garantien eingehen und dann die vier Arten von Garantien erläutern.

Garantien-Mathematik: Sie verdienen <u>mehr</u> Geld, auch wenn Sie <u>etwas</u> Geld zurückgeben

Beispiel:

- Nehmen wir an, dass Sie mit einer Geld-zurück-Garantie dreißig Prozent mehr Abschlüsse erzielen.

    Œ 100 Verkäufe→130 Verkäufe

- Allerdings *verdoppeln* sich die von Ihnen zu leistenden Erstattungen von 5 Prozent auf 10 Prozent.

    Œ 5 Rückerstattungen (5% *100)→ 13 Rückerstattungen (10% *130)

- Sie haben immer noch das 1,23-fache verdient, also 23 Prozent mehr, und das fließt alles in den Gesamtgewinn ein.

    Œ Bisherige Methode: 100 Verkäufe - 5 Rückerstattungen = 95 Verkäufe

    Œ Methode mit Garantie: 130 Verkäufe - 13 Rückerstattungen = 117 Verkäufe

    Œ 117/95 = 1,23x→ eine Umsatzsteigerung von 23%!

Damit sich eine Garantie *nicht* lohnt, müsste der Anstieg der Verkäufe zu 100 Prozent durch Rückerstattungen ausgeglichen werden. Generell gilt: Je stärker die Garantie, desto höher der *Netto*zuwachs an Käufen, selbst wenn die Rückerstattungsquote parallel dazu steigt. Rechnen Sie einfach mal nach.

Warnung: Wenn Ihre Arbeit mit hohen Kosten verbunden ist, können Sie die Garantien auf andere Weise strukturieren, um trotzdem mehr zu verkaufen, ohne sich zu übernehmen. Ich zeige Ihnen unten, wie.

Vier Arten von Garantien

Es gibt <u>vier</u> Arten von Garantien: Unbedingte Garantien, bedingte Garantien, Anti-Garantien und implizite Garantien. Für jede Garantie werde ich die folgenden Punkte durchgehen: das „Wenn", das „Was Kunden bekommen", meine Sichtweise und ein Szenario/ein Wortlaut in der realen Welt.

1) Unbedingte „Ohne Wenn und Aber"-Erstattungsgarantien

Unbedingte Garantien sind die stärksten Garantien. Sie sind im Grunde ein Versuch, bei dem Kunden zuerst zahlen und dann sehen, ob sie das Produkt mögen. Das bringt eine MENGE Leute dazu, zu kaufen, aber Sie *werden* auch einige Leute haben, die das Geld zurückverlangen.

Garantie: Wenn Sie Ergebnis X nicht in Y Zeit erreichen, werden wir [Angebot einfügen] . . .

<u>Was der Kunde bekommt:</u> A) eine vollständige Rückerstattung, B) eine 50-prozentige Rückerstattung, C) eine Rückerstattung ihrer Werbeausgaben und aller angefallenen Nebenkosten, D) Sie zahlen stattdessen für ein Programm eines Mitbewerbers, E) Sie erstatten ihm sein Geld plus einen zusätzlichen Betrag von 1.000 Dollar (oder einen anderen anwendbaren Betrag).

<u>Meine Meinung:</u> Dies ist die stärkste Garantie. Aber sie ist auch sehr riskant. Sie begeben sich in eine Situation, in der Sie zur Rechenschaft gezogen werden, wenn jemand nicht die gewünschten Ergebnisse erzielt, unabhängig davon, ob dies auf Ihre Schuld zurückzuführen ist oder nicht. Rechnen Sie daher nach. Nicht für Angebote zu empfehlen, die mit hohen, nicht gedeckelten Kosten einhergehen.

<u>Formulierung:</u> Dies ist die beste Formulierung einer bedingungslosen Garantie, die ich kenne. Ich habe diese Formulierung von Jason Fladlien kopiert (mit Genehmigung).

„Ich bitte Sie nicht, sich heute für Ja oder Nein zu entscheiden ... Ich bitte Sie nur darum, eine umfassend informierte Entscheidung zu treffen, das ist alles. Der einzige Weg, wie Sie eine umfassend informierte Entscheidung treffen können, ist im Inneren, nicht im Äußeren. Gehen Sie also nach innen und prüfen Sie, ob alles, was wir in diesem Webinar sagen, wahr und wertvoll für Sie ist. Wenn ja, dann entscheiden Sie sich, es zu behalten. Wenn es nichts für Sie ist, nehmen Sie es uns nicht übel. Nachdem Sie sich bei URL angemeldet haben, werden Sie in der Lage sein, eine umfassend informierte Entscheidung zu treffen, dass dies nichts für Sie ist. Aber Sie können diese Entscheidung nicht jetzt treffen, aus dem gleichen Grund, aus dem Sie kein Haus kaufen, ohne es vorher von innen gesehen zu haben. Und wissen Sie dies ... ob es nun 29 Minuten oder 29 Tage von jetzt an ist ... wenn Sie nicht glücklich sind, bin ich auch nicht glücklich. Wenn Sie aus irgendeinem Grund Ihr Geld zurückhaben wollen, können Sie es bekommen, denn ich will Ihr Geld nur behalten, wenn Sie zufrieden sind. Alles, was Sie tun müssen, ist, auf support@xyz.com zu gehen und uns zu sagen: „Gib mir mein Geld", und Sie bekommen es, und zwar in kürzester Zeit - unsere Antwortzeiten auf jede Support-Anfrage betragen durchschnittlich 61 Minuten über einen Zeitraum von 24/7. Eine solche Garantie kann man nur geben, wenn man sich sicher ist, dass das, was man hat, das einzig Wahre ist, und ich bin mir ziemlich sicher, dass Sie, wenn Sie sich bei URL anmelden, genau das bekommen, was Sie brauchen, um zu PROFITIEREN."

[Alternative] „Zufriedenheits"-Rückerstattungsgarantie:

Was der Kunde bekommt: Wenn er zu irgendeinem Zeitpunkt mit dem Service, den er von Ihnen erhält, nicht zufrieden ist, kann er (jederzeit) eine Rückerstattung für das Programm verlangen.

Meine Meinung: Das war meine Garantie, als ich Programme zur Gewichtsreduzierung verkaufte. Abgesehen davon, dass es ein unwiderstehliches Angebot war, garantierte ich Zufriedenheit (nicht Ergebnisse). Ich nutzte die Stärke meiner Garantie, um eine Menge Verkäufe abzuschließen. Wenn Sie gut sind in dem, was Sie tun, können Sie eine Garantie wie diese nutzen, um eine Menge Leute zu überzeugen. Mit den folgenden Zeilen habe ich eine Menge Geld verdient. Von 4.000 Verkäufen in dreieinhalb Jahren haben zwei Leute meine Garantie in Anspruch genommen.

Formulierung: *„Glauben Sie, ich wäre noch im Geschäft, wenn ich so eine verrückte Garantie geben würde und nicht gut in dem wäre, was ich tue? Ich garantiere Ihnen nicht, dass Sie dieses Ziel in sechs Wochen erreichen werden, denn ich kann ja nicht für Sie essen. Aber ich garantiere Ihnen, dass Sie 500 Dollar an Wert und Service von uns bekommen, um Sie zu unterstützen. Wenn Sie das Gefühl haben, dass wir Ihnen diesen Service nicht bieten, stelle ich Ihnen an dem Tag, an dem Sie mir sagen, dass wir schlecht sind, einen Scheck aus."*

Das funktioniert perfekt mit einer Best-Case/Worst-Case-Gegenüberstellung am Schluss. *„Im besten Fall bekommen Sie den Körper Ihrer Träume und wir geben Ihnen Ihr ganzes Geld, damit Sie bei uns bleiben und Ihr langfristiges Ziel erreichen. Im schlimmsten Fall sagen Sie mir, dass ich Mist bin, ich stelle Ihnen einen Scheck aus und Sie bekommen sechs Wochen kostenloses Training. Beide Optionen sind risikofrei. Aber das Einzige, was Ihnen garantiert <u>nicht</u> hilft, ist, heute hier rauszugehen."*

2) Bedingte Garantien

Bedingte Garantien enthalten „Bedingungen und Konditionen" für die Garantie. Beide Teile sind gestaltbar. Was qualifiziert Kunden für eine Garantie und was geben Sie ihnen im Gegenzug. Bei bedingten Garantien können Sie sehr kreativ werden. Im Allgemeinen sollten sie „besser als Geld-zurück-Garantien" sein.

Tipp: Wenn Sie die wichtigsten Maßnahmen kennen, die jemand ergreifen muss, um erfolgreich zu sein, sollten Sie diese in die bedingte Garantie aufnehmen. In einer perfekten Welt würden sich 100 % Ihrer Kunden für eine bedingte Garantie qualifizieren, aber ihr Ergebnis bereits erreicht haben und sie daher nicht in Anspruch nehmen wollen. Bedenken Sie außerdem: Wenn man sie vor die Wahl stellt, ihr Geld zurückzubekommen oder das gewünschte Ergebnis zu erzielen, wird die große Mehrheit der Menschen das Ergebnis nehmen (deshalb kaufen sie ja überhaupt).

Ich werde zehn verschiedene Beispiele für bedingte Garantien anführen, nur um Ihnen zu zeigen, wie kreativ Sie werden können.

2a) Bedingte übergroße Erstattungsgarantie

Was der Kunde bekommt: Das Doppelte oder Dreifache seines Geldes zurück oder eine bedingungslose Zahlung von X.XXX Dollar (oder einen anderen Betrag, der weit über dem liegt, was er bezahlt hat).

Meine Meinung: Dies eignet sich für den Fall, dass Sie etwas mit hohen Gewinnspannen verkaufen. Und dies ist eine Garantie, die *mit* einer Verbrauchsbedingung verbunden ist. Das bedeutet, dass Kunden eine Vielzahl von Dingen tun müssen, um sich für diese Garantie zu qualifizieren. Der Weltklasse-Affiliate-Vermarkter Jason Fladlien (der an einem einzigen Tag 27 Millionen Dollar umgesetzt hat) hat vor kurzem eine erstaunliche Garantie für einen Kurs verwendet, den er verkauft hat. Er sagte: „Wenn Sie diesen Kurs kaufen, X Dollar für die Werbung für Ihren E-Commerce-Shop ausgeben und dabei die von mir gelehrten Methoden anwenden und dann kein Geld verdienen, kaufe ich Ihnen Ihren Shop für 25.000 Dollar ab, ohne Fragen zu stellen." Er behauptete, dass durch diese tolle Garantie für einen Kurs im Wert von 2997 Dollar zusätzliche 3 Millionen Dollar an Verkäufen erzielt wurden. Darüber hinaus gab er nur 10 dieser 25.000 Dollar Rückerstattungen aus. Die Rückerstattung führte also zu 2,75 Millionen Dollar an zusätzlichen Verkäufen. Das ist es, was eine tolle Garantie für Sie tut.

Im Allgemeinen wird eine sehr starke Garantie wie diese definitiv zu mehr Verkäufen führen. Sie ist besonders dann sinnvoll, wenn Ihr potenzieller Kunde *eine ganze Menge* tun muss und die Wahrscheinlichkeit, dass das Ergebnis nicht erreicht wird, sehr gering ist - vorausgesetzt, diese Dinge werden getan. Manchmal kann eine solche Garantie dem Kunden sogar noch bessere Ergebnisse bringen. Diese Garantie übertrifft in der Regel eine herkömmliche 30-Tage-Geld-zurück-Garantie in Bezug auf die Nettokonversionen (Verkäufe abzüglich Rückerstattungen).

2b) Bedingte Service-Garantie

Was der Kunde bekommt: Sie arbeiten so lange unentgeltlich für ihn, bis X erreicht ist.

Meine Meinung: Dies ist einer meiner persönlichen Favoriten. Sie garantiert, dass der Kunde sein Ziel erreicht, aber sie eliminiert das Element der Zeit. Dabei laufen Sie nie Gefahr, das Geld zu verlieren, das der Kunde Ihnen gezahlt. Sie riskieren, fortlaufend die Dienstleistung erbringen zu müssen. Die Garantie bezieht sich auf das Ergebnis. Um der Sache noch mehr Würze zu verleihen, können Sie diese Garantie davon abhängig machen, dass die Teilnehmer wichtige Aktionen durchführen, die mit dem Erfolg verbunden sind: Einrichtung einer Webseite, Teilnahme an Telefonaten, Erscheinen zum Training, Wiegen, Datenmeldung usw.

2c) Modifizierte Service-Garantie

Was der Kunde bekommt: Sie gewähren eine weitere Y-lange Zeitspanne kostenlose Dienste oder Zugang zu Ihren Produkten/Dienstleistungen. In der Regel sollte Y mindestens doppelt so lang sein.

Meine Meinung: Dies ist wie die Service-Garantie, aber sie bindet eine bestimmte Dauer an Ihre verlängerte Arbeit bzw. Ihr Engagement. Anstatt also „für immer" am Haken zu sein, sind Sie nur für einen zusätzlichen Zeitraum von Y am Haken. Ich habe erlebt, dass dies auf magische Weise funktioniert und das Unternehmen für einen begrenzten Zeitraum am Haken hält, was für Sie ein leichterer Einstieg sein könnte, bevor Sie die oben beschriebene Service-Garantie anbieten. Dies funktioniert besser für Unternehmen mit erheblichen Kosten für die laufende Lieferung.

2d) Gutschriftenbasierte Garantie

Was der Kunde bekommt: Sie geben ihm den Betrag zurück, den er bezahlt hat, aber in Form einer Gutschrift für eine von Ihnen angebotene Dienstleistung.

Meine Meinung: Dies wird am besten während eines Upselling-Prozesses verwendet, um den Abschluss eines Dienstes zu besiegeln, von dem die Leute nicht sicher sind, ob er ihnen gefallen wird. Sie mögen bereits, was sie haben, und Sie versuchen, ihnen mehr davon zu verkaufen. Im schlimmsten Fall können Kunden die Gutschrift auf das anwenden, was sie bereits mögen. So bleibt der gute Ruf beim Kunden erhalten.

2e) Persönliche Dienstleistungs-Garantie

Was der Kunde bekommt: Sie arbeiten kostenlos mit ihm zusammen, bis er ein bestimmtes Ziel oder Ergebnis erreicht hat.

Meine Meinung: Dies ist eine der stärksten Garantien, die es gibt. Es ist wie eine Servicegarantie auf Crack. Allerdings sollten Sie sie *auf jeden Fall* an Bedingungen knüpfen.

Beispiele für Bedingungen: Der Kunde muss sich innerhalb von vierundzwanzig Stunden zurückmelden, er muss die Produkte verwenden, die Sie ihm empfehlen, er muss XYZ. Nur wenn er das tut, werden Sie weiter mit ihm zusammenarbeiten.

Dies ist besonders wirkungsvoll, wenn Sie Ihr Unternehmen ausbauen und sich als Unternehmer weiterbilden. Können Sie sich vorstellen, dass einer meiner Vertriebsmitarbeiter sagt: „Alex wird persönlich mit Ihnen arbeiten, bis Ihr Angebot konvertiert"? Richtig. Das würde funktionieren. Aber es wäre auch ein Albtraum. Also würde ich wahrscheinlich Bedingungen aufstellen wie: „Vorausgesetzt, Sie haben bereits 10.000 Dollar für Ihr bestehendes Angebot unter Verwendung unserer Struktur ausgegeben, das Angebot, das Sie durchgeführt haben, diente der Lead-Generierung, und es war ein kostenloses Angebot." Das sind Dinge, die es unwahrscheinlich machen, dass jemand keinen Erfolg haben wird. Wenn der Kunde aus irgendeinem Grund mit diesen Bedingungen nicht erfolgreich gewesen wäre, könnte ich sein Problem wahrscheinlich in ein paar Minuten lösen, indem ich es mir einfach nur ansehe - was mein Risiko verringert.

2f) Hotel- + Flugkosten-Perks-Garantie

Was der Kunde bekommt: „Wenn Sie keinen Wert erhalten, erstatten wir Ihnen Ihr Produkt *und* Ihre Hotel- + Flugkosten."

Meine Meinung: Dies ist technisch gesehen eine „Erstattung von Nebenkosten" aus unserem ersten Beispiel. Ich verwende sie sehr gerne für Workshops und persönliche Erlebnisse. Normalerweise würde die Veranstaltung mehr kosten als das Hotel und die Flugkosten, also ist es so, als würde man 1.000 Dollar zusätzlich zu einer Garantie zahlen, aber viel greifbarer. Es ist originell genug, dass die Leute es mögen.

2g) Lohnzahlungs-Garantie

Was der Kunde bekommt: Sie bieten ihm an, seinen Stundensatz zu zahlen, wenn er Ihr Gespräch/Ihre Sitzung nicht als wertvoll empfindet.

Meine Meinung: Auch dies ist eine Nebenkostengarantie, nur eine sehr originelle. Wenn jemand tatsächlich nach der Lohnzahlung fragt, bitten Sie ihn einfach um seine Steuererklärung und teilen Sie durch 1.960 (Anzahl der Arbeitsstunden bei 40 Stunden/Woche für ein Jahr). Aber niemand, der um eine Rückerstattung bittet, wird das tatsächlich tun, also werden Sie so etwas nie ausgeben müssen. Wie immer.

2h) Freigabe-Service-Garantie

Was der Kunde bekommt: Sie entlassen ihn kostenlos aus seinem Vertrag.

Meine Meinung: Damit entfällt eine Verpflichtungs- oder Stornogebühr. Wenn Sie ein Unternehmen haben, das einklagbare Verpflichtungen, Verträge oder Klauseln hat, kann dies eine starke Garantie sein. Wenn Sie in einem Unternehmen tätig sind, das seine Verträge nicht durchsetzt, haben Sie nichts zu verlieren, wenn Sie die Garantie hinzufügen.

2i) Spätere-zweite-Zahlungs-Garantie

Was der Kunde bekommt: Sie werden ihm *erst dann* wieder eine Rechnung stellen, *sobald* er sein erstes Ergebnis erzielt oder erreicht hat. Beispiele: Die ersten fünf Pfund abnehmen … den ersten Verkauf tätigen … Ihre Website in Betrieb nehmen usw.

Meine Meinung: Das gefällt mir sehr gut, vor allem, wenn Sie einen sehr systematischen Prozess haben, um das erste Ergebnis zu erzielen. Es bringt den Interessenten in Bewegung. Außerdem konzentriert sich Ihr Team so auf die Aktivierung Ihres Kunden. Dies ist eine großartige Möglichkeit, wenn Sie wissen, welche Kennzahl oder Aktion die Aktivierung eines Kunden vorantreibt (ein Indikator für die langfristige Bindung). Ich habe diese Garantie schon oft erfolgreich eingesetzt.

2j) Erstes-Ergebnis-Garantie

Was der Kunde bekommt: Sie zahlen so lange seine Nebenkosten (Werbeausgaben, Hotel usw.), bis er sein erstes Ergebnis erreicht hat. Beispiel: Wenn Sie innerhalb von 14 Tagen nicht den ersten Verkauf tätigen, zahlen wir so lange für Ihre Werbeausgaben, bis Sie es schaffen.

Meine Meinung: Genau wie bei der verzögerten zweiten Zahlung, es geht es hier nur um andere Kosten. Mir persönlich gefällt diese Vorgehensweise sehr gut. So kann sich jeder darauf konzentrieren, den ersten Dollar über die Brücke zu bringen. Sobald dieser geschafft ist, folgt bald darauf der zweite.

2k) Vorauszahlungs-Garantie

Was der Kunde bekommt: Sie müssen nicht für alles garantieren, was Sie verkaufen. Stattdessen können Sie eine Garantie für einen bestimmten Zahlungsplan oder eine bestimmte Option geben, die der Kunde annehmen soll. Auf diese Weise schafft eine Garantie Anreize für eine gewünschte Handlung oder Zusage.

Meine Meinung: Dies ist besonders effektiv, wenn Sie ein Produkt oder eine Dienstleistung anbieten, bei der viele Menschen bezweifeln, dass sie erfolgreich sein werden. Wenn Sie eine Garantie in Abhängigkeit von der Vorauszahlung anbieten, werden die Kunden noch stärker eingebunden. Auf diese Weise gewinnen Sie beide.

Formulierung: Stellen Sie sich vor, jemand hat gerade zugestimmt, sich anzumelden. Dann sagen Sie: *„Würden Sie heute lieber weniger Geld zahlen oder Ihr ganzes Geld zurückbekommen?"* Er bittet um eine Erklärung. Sie antworten: *„Es sind 4.000 Dollar. Sie können das entweder in vier Raten zu je 1.000 Dollar zahlen oder Sie können die 4.000 Dollar im Voraus bezahlen und wir garantieren Ihnen XYZ. Menschen, die sich vorbereiten, sind engagierter und ziehen es durch, deshalb möchten wir die Leute mit dieser Garantie dazu ermutigen."* Jetzt haben die Leute einen noch besseren Grund, die Dienstleistung im Voraus zu bezahlen.

3) Anti-Garantien

Um Anti-Garantien handelt es sich, wenn Sie ausdrücklich erklären, dass „alle Verkäufe endgültig sind". Sie wollen sich diese Position zu eigen machen. Lassen Sie sich einen kreativen „Grund" einfallen, warum der Verkauf endgültig ist. Zeigen Sie eine massive Gefährdung oder Schwachstelle Ihrerseits auf, die ein Verbraucher sofort versteht und denkt: „Ja, das macht Sinn." Diese Art von Garantien sind besonders wichtig bei Artikeln, die verbraucht werden können oder deren Wert nach der Übergabe abnimmt.

Was der Kunde bekommt: Zugang zu einer super exklusiven Dienstleistung/einem sehr wertvollen Produkt. Wahrscheinlich handelt es sich dabei um etwas sehr Mächtiges, das nicht mehr ungesehen gemacht werden kann, wenn man es einmal gesehen hat, oder das man nicht mehr wegnehmen kann, wenn man es einmal benutzt hat. Beispiel: eine Code-zeile zur Verbesserung der Kaufabwicklung auf einer Website. Sobald jemand diesen Code erhalten hat, könnte er versuchen, ihn zu verwenden, ohne dafür zu bezahlen. Oder eine Reihe von Gesprächseinstiegen, um Frauen anzumachen, oder Eröffnungssätze, um potenzielle Kunden anzusprechen. Dinge, die sehr wertvoll, aber unglaublich leicht zu stehlen sind, nachdem sie gesehen/verstanden wurden.

Meine Meinung: Es *impliziert*, dass der Kunde das Produkt oder die Dienstleistung verwenden und einen immensen Nutzen darin sehen wird, wodurch das Unternehmen angreifbar wird. Es wirkt wie ein Eingeständnis von Gefahr. „Wir haben eine „Alle Verkäufe sind endgültig"-Politik, aber das liegt daran, dass unser Produkt so exklusiv und so leistungsfähig ist, dass es, wenn es einmal benutzt wurde, nicht mehr ungenutzt bleiben kann." Da es so üblich ist, irgendeine Garantie zu haben, ist es auffällig, keine zu haben.

Anstatt also Wischiwaschi zu machen, sollten Sie darauf verweisen, dass dieses Produkt so gut funktioniert und so leicht zu kopieren ist, dass Sie alle Verkäufe als endgültig betrachten *müssen*. Man wird Ihnen noch mehr glauben, wenn Sie diese Position einnehmen.

Formulierung: *„Wir werden Ihnen unseren proprietären Prozess zeigen, den wir gerade jetzt verwenden, um Leads in unserem Unternehmen zu generieren. Unsere Kanäle, Anzeigen und Metriken. Wir werden das Innenleben unseres Unternehmens offenlegen, daher sind alle Verkäufe endgültig."* Hinweis: Hier ist ein starker Grund erforderlich. Denken Sie sich einfach einen aus, der überzeugend klingt. Je mehr Sie eine reale Exposition zeigen können, desto effektiver wird dies sein.

Anti-Garantien können auch gut bei hochpreisigen Produkten und Dienstleistungen funktionieren, die viel Arbeit oder Anpassungen erfordern. *„Wenn Sie zu den Kunden gehören, die eine Garantie brauchen, bevor sie einen Sprung machen, dann sind Sie nicht der Typ Mensch, mit dem wir zusammenarbeiten wollen. Wir wollen motivierte Selbststarter, die den Anweisungen folgen können und nicht nach einem Ausweg suchen, bevor sie überhaupt angefangen haben. Wenn Sie es nicht ernst meinen, sollten Sie es nicht kaufen. Wenn Sie es aber ernst meinen, werden Sie einen Riesenerfolg haben."*

4) Implizite Garantien

Implizite Garantien sind leistungsbezogene Angebote. Umsatzanteil, Gewinnbeteiligung, Trigger, Ratchets, monetäre Boni sind alle Beispiele dafür. Das Konzept ist das gleiche: *Wenn ich keine Leistung erbringe, werde ich nicht bezahlt.* Einzigartig an dieser besonderen Struktur ist, dass sie auch den Vorteil bietet: „Wenn ich gute Arbeit leiste, werde ich auch gut bezahlt werden." Dies funktioniert nur in Situationen, in denen Sie das Ergebnis transparent messen können und darauf vertrauen (oder kontrollieren), dass Sie eine angemessene Vergütung erhalten, wenn Sie gute Leistungen erbringen.

Die Nachteile sind die Nachverfolgung und Erfassung. Wenn Sie also einen Weg finden, diese zu umgehen, sind Sie auf eine Goldmine gestoßen. Hier sind ein paar Beispiele:

Leistungsbasiertes Modell: A) ... Zahlen Sie mir nur XXX Dollar pro Verkauf / XXX Dollar pro Show B) XX Dollar pro verlorenem Pfund Körpergewicht

Umsatzanteil: A) 10 % des Umsatzes B) 20 % Gewinnanteil C) 25 % des Umsatzwachstums gegenüber dem Basiswert

Gewinnbeteiligung: A) X % des Gewinns B) X % des Bruttogewinns

Ratches (Sperrklinken): 10 % bei Überschreitung von X, 20 % bei Überschreitung von Y, 30 % bei Überschreitung von Z

Boni/Trigger: Ich bekomme X, wenn Y eintritt.

<u>**Was der Kunde bekommt:**</u> Wenn Sie keine Leistung erbringen, muss er nicht zahlen. Wenn Sie eine Leistung erbringen, wurde Ihre Vergütung auf der Grundlage einer Vereinbarung festgelegt, die *vor* Beginn Ihrer Arbeit getroffen wurde.

<u>**Meine Meinung:**</u> Meiner Meinung nach ist dies eine der, wenn nicht DIE wünschenswerteste Lösung. Die perfekte Abstimmung zwischen dem Kunden und dem Dienstleister fördert die Zusammenarbeit und eine langfristige Beziehung. Ich bin ein großer Fan davon. Dies war das Angebot, das die Agenturen, die unsere Software ALAN nutzen, vermarkteten. Sie stellten von einem Vorschuss-Modell auf ein Leistungs-Modell um and verpackten das in das Grand-Slam-Angebot, das ich weiter oben vorgestellt habe. Ich habe unzählige Agenturen gesehen, die innerhalb weniger Monate von 20.000 Dollar pro Monat auf 200.000 Dollar (und mehr) pro Monat kamen.

Minimum-ODER-Umsatzanteil-Beispiel: Sie kombinieren ein Umsatzanteil- oder Leistungs-Angebot mit einem Minimum. Das wäre so, als würde man sagen: *„Wir bekommen 1.000 Dollar oder 10 % des erzielten Umsatzes, je nachdem, was höher ist."* Wenn der Kunde also aus irgendeinem Grund kein Geld verdient, deckt dies zumindest Ihre Kosten für Dienstleistungen usw.

Oder Sie sagen: *„Wir erhalten in den ersten 3 Monaten 1.000 Dollar /Monat und stellen danach auf 100 % Leistung um."* Das wäre ideal für eine Lösung, die viel Zeit braucht, um in Gang zu kommen.

Diese Art von Angeboten funktioniert gut, wenn Sie quantifizierbare Ergebnisse haben.

Übung Nr. 25: Erstellen Sie Ihre Garantien

Anhand der Garantieformel können Sie einige eigene Garantien erstellen …

1) **Unbedingt**: Wenn Sie in irgendeiner Weise unzufrieden sind, werden wir:

_____

2) **Bedingt 1:** Wenn _____(Ergebnis) nicht passiert

bis _____(Datum) und Sie _____

(Bedingungen), werden wir _____

_____

3) **Bedingt 2:** Wenn _____(Ergebnis) nicht passiert

bis _____(Datum) und Sie _____

(Bedingungen), werden wir _____

_____.

4) **Leistungsbasierte/Implizierte Garantie:** Für jede/n/s _____

_____, bekommen wir _____

_____.

** Die Anti-Garantie habe ich aus den Übungen entfernt, weil sie selbsterklärend ist.

Garantien stapeln (für Fortgeschrittene)

Ebenso wie Boni können Sie mehrere Garantien *stapeln* und miteinander kombinieren, um das wahrgenommene Risiko auszuschalten.

Beispiel: Sie gewähren eine bedingungslose 30-Tage-Garantie ohne Rückfragen und darüber hinaus eine bedingte 90-Tage-Garantie, bei der Kunden das Dreifache des gezahlten Gelds zurückbekommen.

Sie können auch zwei bedingte Garantien für unterschiedliche (oder aufeinanderfolgende) Ergebnisse gestapelt anbieten.

Beispiel: *„Sie werden innerhalb von 60 Tagen 10.000 Dollar und innerhalb von 90 Tagen 30.000 Dollar verdienen, wenn Sie die Punkte 1, 2 und 3 erfüllen."* Auf diese Weise wird der potenzielle Kunde auf ein Ergebnis eingestimmt, das er nun für sehr viel wahrscheinlicher hält (da Sie es bewusst in einer bedingten Garantie mit einem Zeitrahmen für die Erreichung des Ziels formulieren werden). Auf diese Weise zeigen Sie dem Interessenten, dass Sie es ernst meinen und davon überzeugt sind, dass er das Gewünschte erreichen wird. Damit verlagert sich das Risiko von ihm auf uns - eine sehr wirkungsvolle Strategie.

Geben Sie Ihrer Garantie einen coolen Namen

Anstatt „Zufriedenheit" oder ein anderes „Langweiler"-Wort zu verwenden, sollten Sie eine genauere Beschreibung nutzen.

- **Allgemeines Beispiel** (schlecht): 30 Tage Geld-zurück-Zufriedenheitsgarantie.

- **Kreative Bildsprache Beispiel 1** (gut): Wenn Sie innerhalb von 30 Tagen nicht in haifischverseuchte Gewässer springen würden, um unser Produkt zurückzubekommen, erstatten wir Ihnen jeden Dollar, den Sie bezahlt haben.

- **Kreative Bildsprache Beispiel 2** (großartig): Sie erhalten unsere berühmte „Ein-Robbenbaby-erschlagen-Garantie". Wenn Sie nach 30 Tagen der Nutzung unserer Dienste kein Robbenbaby erschlagen möchten, um als Kunde zu bleiben, müssen Sie nicht einen Cent bezahlen.

Zusammenfassung: Erstellen Sie Ihre eigene(n) Gewinngarantie(n)

- Die Umkehrung des Risikos ist der beste Weg, um die Konversion eines Angebots zu erhöhen.

- Erfahrene Vermarkter verbringen genauso viel Zeit mit der Ausarbeitung ihrer Garantien wie mit den Angeboten selbst. Es ist so wichtig.

- Identifizieren Sie die größten Ängste, Schmerzen und wahrgenommenen Hindernisse eines Kunden. *„Was möchte er nicht, wenn er Sie bezahlt? Wovor hat er am meisten Angst?"* Wandeln Sie diese Ängste in eine Garantie um. Denken Sie an die Zeit, die Emotionen und die externen Kosten, die mit jedem Programm oder jeder Dienstleistung verbunden sind.

- Je spezifischer und kreativer die Garantie ist, umso besser.

- Vermeiden Sie bedingungslose Garantien, wenn das, was Sie verkaufen, viel kostet, es sei denn, Sie wissen wirklich, was Sie tun.

- Erklären Sie *immer* Ihre Garantie, auch wenn Sie keine haben. Sagen Sie es plakativ und erläutern Sie den Grund dafür.

- Geben Sie Ihrer Garantie einen coolen Namen.

- Stapeln/Kombinieren Sie die Garantien, um noch bessere Ergebnisse zu erzielen.

GRATISGESCHENK Nr. 9 BONUS: ERSTELLEN SIE MIT MIR EINE GEWINNGARANTIE

Garantien können über Erfolg oder Misserfolg von Unternehmen entscheiden. Sie sind wie Dynamit, sie können unglaublich mächtig sein, wenn sie in den Händen eines Experten liegen. Gehen Sie auf **Acquisition.com/training/offers** und wählen Sie **„Garantien erstellen"** aus, um sich ein kurzes Video-Tutorial anzusehen, damit Sie sie in Ihrem Unternehmen einsetzen können, um so schnell wie möglich mehr Umsatz zu machen. Ich habe auch eine **kostenlose Checkliste für Garantien** erstellt, die Sie verwenden können, wenn Sie alle Variablen durchdenken. Sie können auch den QR-Code scannen, wenn Sie nicht tippen möchten. Wie immer ist das Ganze absolut kostenlos. Viel Spaß!

SCANNEN SIE MICH

Problem Nr. 11: Die falschen Leute kaufen
→ Lösung Nr. 11: Finden Sie einen besseren Namen

Impliziter Egoismus-Effekt: Wir fühlen uns im Allgemeinen zu den Dingen und Menschen hingezogen, die uns am ähnlichsten sind.

ÜBERSCHRIFTENFORMEL M-A-G-I-C

Ein Grand-Slam-Angebot wird Ihnen kein Geld einbringen, wenn niemand davon erfährt. Das Ziel muss sein, dass Ihre idealen Interessenten, wenn sie von Ihrem Angebot hören, so interessiert sind, dass sie aktiv werden. Die korrekte Benennung eines Angebots entscheidet darüber, wie gut Ihre Werbung konvertiert, wie groß die Resonanz auf ausgehende E-Mails/ Kaltanrufe/Textnachrichten zur Kundenakquise ist und wie viele eingehende Antworten Sie durch organische Kommentare erhalten.

Das ist wichtig.

In diesem Zusammenhang zeige ich Ihnen, wie Sie unbegrenzt viele Namen oder „Verpackungen" für Ihr Angebot erstellen können. Auf diese Weise wird es nie langweilig, egal wie klein Ihr Markt auch sein mag. Dies ist der Schlüssel zur kontinuierlichen Lead-Generierung.

Beachten Sie, dass wir die Kernbestandteile des Angebots nicht wirklich ändern. Wir ändern lediglich den Namen, um es in den Augen des Marktes „frisch" zu halten.

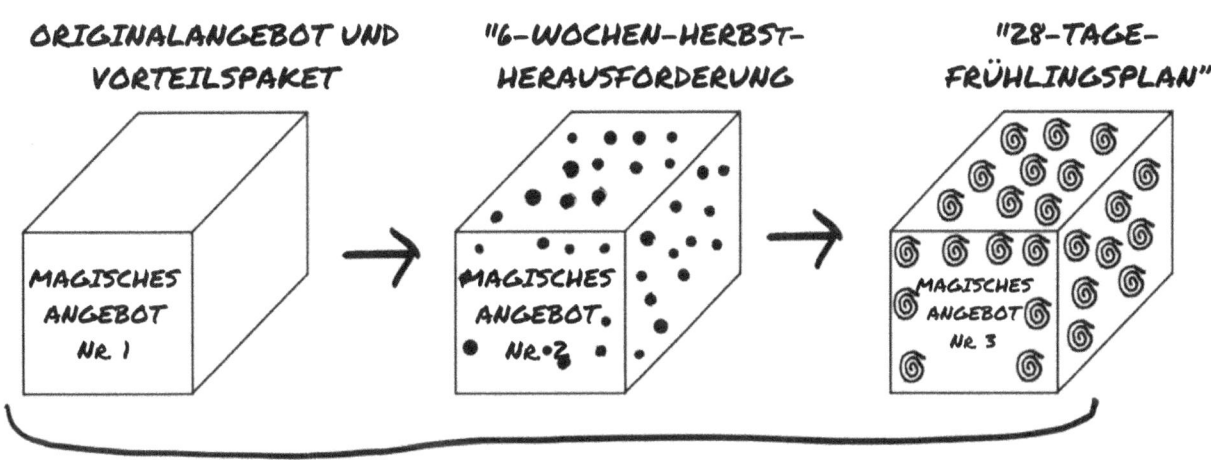

Überschriftenformel M-A-G-I-C

Dies ist die einfachste Formel, die ich gefunden habe, um dies in der realen Welt funktionieren zu lassen.

M	AGNETISCH	SCHAFFT EINEN MAGNETISCHEN GRUND
A	AVATAR	KÜNDIGT DEN AVATAR AN
G	OAL (ZIEL) →	EIN ZIEL GEBEN (ANLEITUNG)
I	INTERVALL	GIBT EINEN ZEITRAUM (INTERVALL) AN
C	BEHÄLTER (METHODE)	KOMPLETT MIT EINEM (CONTAINER-) WORT

Nicht alle diese Komponenten sind obligatorisch. In der Regel verwende ich drei bis fünf von ihnen bei der Benennung eines Programms oder einer Dienstleistung. Wenn Sie sie alle unterbringen können, ist das großartig, aber wahrscheinlich wird der Name zu lang. Je kürzer und prägnanter, desto besser. Es geht also um ein Gleichgewicht zwischen Kürze und Spezifität. Die einzige Möglichkeit, wirklich herauszufinden, was funktioniert, ist, die Namen aufzuschreiben und zu testen.

Lassen sie uns jetzt die einzelnen Komponenten durchgehen.

M-Magnetischer „Warum-Grund"

Wir beginnen den Namen mit einem Wort oder einem Satz, der den Leuten den „Grund" für unsere Werbeaktion verrät.

Ich sage den Leuten gerne, dass sie wie ein Partyplaner einer Studentenverbindung denken sollen. Als ich auf dem College war, hatten wir einmal eine Party, weil einem Mann die Weisheitszähne entfernt wurden. Der „(Warum-)Grund" kann buchstäblich alles sein, solange Sie daran glauben. Er sollte eine oder beide der folgenden Fragen beantworten:

Warum machen sie dieses großartige Angebot? oder *Warum sollte ich auf dieses Angebot eingehen?/ Was ist für mich drin?*

> **Beispiele:** Gratis, 88 % Rabatt, Werbegeschenk; 88 % Rabatt, Frühling, Sommer, Schulanfang; Große Neueröffnung; Neues Management; Neues Gebäude; Jubiläum; Halloween; Neujahr.

A-Avatar

Sie rufen Ihren idealen Avatar auf: wen Sie suchen und wen Sie nicht als Kunden haben wollen. Sie sollten so spezifisch wie möglich sein, aber nicht mehr. Wenn Sie sich in einem lokalen Gebiet befinden, wird Ihre Schlagzeile umso mehr konvertieren, je lokaler Sie sie gestalten könne. Nehmen Sie daher keine Stadt. Versuchen Sie es mit Teilmärkten oder hyper-lokalen Nachbarschaften.

> **Hyper-spezifische Beispiele:** Nicht Baltimore, sondern Towson, MD. Nicht Chicago, sondern Hinsdale. Etc.

> **Andere Beispiele:** Zahnärzte aus Bee Cave, Mütter aus Rolling Hills, Ziegelstein- und Mörtelunternehmen, Salonbesitzer, Sportler im Ruhestand, vielbeschäftigte Führungskräfte aus Brooklyn

G-Gewünschtes Ziel

Das Traumergebnis Ihres potenziellen Kunden. Das kann ein einzelnes Wort oder ein einzelner Satz sein. Es kann ein Ereignis, ein Gefühl, eine Erfahrung oder ein Ergebnis sein - alles, was ihn begeistern würde. Je spezifischer und konkreter, desto besser.

> **Beispiele:** Schmerzfrei, Prominentenlächeln, 1. Platz, Nie wieder außer Atem, Perfektes Produkt, Grand-Slam-Angebot, Das kleine Schwarze (Kleid), Verdoppeln Sie Ihren Gewinn, Erster Kunde, High Ticket, 7-stellig, 100k (100.000). Etc.

I-Intervall (Zeitrahmen) nennen

Sagen Sie den Interessenten, wie lange es dauern wird, bis das von Ihnen versprochene Ergebnis erzielt wird. Überlegen Sie, ob Sie die Zeitintervalle ändern wollen (z. B. von Wochen auf Tage umstellen). Manchmal lassen sich 42 Tage besser umsetzen als 6 Wochen. Das müssen Sie einfach ausprobieren.

Beispiele: AA Minuten, BB Stunden, CC Tage, DD Wochen, Z Monate. „4 Stunden", „21 Tage", „6 Wochen", „3 Monate"

Hinweis: Einige Plattformen erlauben dies nicht. Halten Sie sich also an ihre Regeln.

C-Container-Wort zur Komplettierung

Das Container-Wort weist darauf hin, dass es sich bei diesem Angebot um ein Paket von vielen Dingen handelt, die zusammengefügt werden. Es ist ein System. Es ist etwas, das nicht mit einer handelsüblichen Alternative verglichen werden kann.

Beispiele: Herausforderung, Blaupause, Bootcamp, Intensivkurs, Inkubator, Meisterklasse, Programm, Entgiftung, Erfahrung, Gipfel, Beschleuniger, Fast Track, Abkürzung, Sprint, Launch, Schleuder, Katapult, Explosion, System, Flucht, Meetup, Transformation, Mastermind, Spielplan, Deep Dive, Workshop, Comeback, Wiedergeburt, Angriff, Überfall, Reset, Lösung, Hack, Cheatcode, Liftoff. Etc.

Reime und Alliterationen (für Fortgeschrittene)

Gute Reime bleiben im Gedächtnis der Menschen. Formulieren Sie Ihren Programmnamen, um das Spiel zu gewinnen. Googeln Sie „Reimwörterbuch" für eine einfache Abkürzung. Versuchen Sie nicht, es zu erzwingen. Es ist keine verpflichtende Voraussetzung, sondern nur ein „Nice-to-have" („Schön zu haben").

Beispiele für Reime: Six-Pack Fast Track, 5-Day Book Print Sprint, Marriage Thrive Deep Dive, 12-Week 2-Putt Shortcut, 12-Month No-Debt Reset, Celebrity Butt Shortcut, Get Some Ass Masterclass (dachte einfach, das sei lustig). Etc. Sie verstehen, was ich meine.

Ein alternativer Ansatz zum Reimen ist die Verwendung von Alliterationen bei der Benennung Ihres Programms. Alliteration bedeutet, dass alle (oder die meisten) Wörter mit demselben Buchstaben oder Klang beginnen. Dies ist für die meisten Menschen einfacher als ein Reim. Auch hier gilt: Sie müssen nicht reimen oder Alliterationen verwenden. Erzwingen Sie es nicht.

Beispiele für Alliterationen: Make Money Masterclass, Change Your Life Challenge, Big Booty Bootcamp, Debt Detox, Real Estate Reset, Life Coach Liftoff. Etc.

Zur Erinnerung: Eine Änderung der Verpackung bedeutet lediglich, dass sich die äußere Wahrnehmung Ihres Grand-Slam-Angebots ändert. Ihr tatsächliches Geldmodell, Ihre Preise und Dienstleistungen bleiben weitgehend unverändert.

Übung Nr. 26: Geben Sie Ihrem Produkt/Programm einen Namen

Sie sollten inzwischen eine ganze Reihe von Elementen haben, die Sie benennen müssen. Benutzen Sie die M-A-G-I-C-Namensformel, um die folgenden Elemente zu benennen (denken Sie daran, dass Sie nur 2-3 der Elemente brauchen, um einen viel aussagekräftigeren Namen zu erhalten):

1) Ihr Grand-Slam-Angebot
   M_____ A_____ G_____ I_____ C_____

2) Bonus 1
   M_____ A_____ G_____ I_____ C_____

3) Bonus 2
   M_____ A_____ G_____ I_____ C_____

4) Bonus 3
   M_____ A_____ G_____ I_____ C_____

5) Bonus 4
   M_____ A_____ G_____ I_____ C_____

6) Bonus 5
   M_____ A_____ G_____ I_____ C_____

7) Bonus 6
   M_____ A_____ G_____ I_____ C_____

8) Bonus 7
   M_____ A_____ G_____ I_____ C_____

9) Garantie 1
   M_____ A_____ G_____ I_____ C_____

10) Garantie 2
   M_____ A_____ G_____ I_____ C_____

*Bonuspunkte für Alliteration und Reime.

M-A-G-I-C Beispiele

Stellen Sie alle Komponenten zusammen und testen Sie sie! Hier sind einige Beispiele für drei verschiedene Branchen. Zusätzlich zu Ihrer Gesamtpromotion können Sie die M-A-G-I-C-Namensformel auch für jeden Bonus in Ihrem Grand-Slam-Angebot verwenden.

Wellness

Free Six-Week Lean-By-Halloween Challenge (Kostenlose sechswöchige Schlank bis Halloween-Challenge)

88% Off 12-Week Bikini Blueprint (88 % Rabatt auf die 12-Wochen-Bikini-Blaupause)

Free 21-Day Mommy Makeover (Kostenloses 21-tägiges Mama-Makeover)

60-minute Make Your Friends Jealous Model Hair System (60-minütiges „Machen Sie Ihre Freunde neidisch"-Model-Haar-System)

Six-Week Stress-Release Challenge (Sechswöchige Stressabbau-Challenge)

(Free!) Bend Over Pain Free in 42 Days . . . Healing Fast Track ((Kostenlos!) In 42 Tagen schmerzfrei bücken ... Heilungs-Überholspur)

Ärzte/Zahnärzte

$2,000-Off Celebrity Smile Transformation (2.000 Dollar Ermäßigung auf die Verwandlung in ein Prominenten-Lächeln)

Lakeway Moms - $1,500 Off Your Kids Braces (Lakeway Mamas - 1.500 Dollar Rabatt auf die Zahnspange Ihrer Kinder)

Lakeway Moms - 12 Months To A Perfect Smile ($1000 off for 15 families) (Lakeway Mamas - In 12 Monaten zum perfekten Lächeln (1.000 Dollar Rabatt für 15 Familien))

Back to School Free Braces Giveaway (Kostenlose Zahnspangen als Geschenk zum Schulanfang)

Grand Opening Free X-Ray & Treatment - Instant Relief (Große Neueröffnung: Kostenloses Röntgen und Behandlung - Sofortige Linderung)

Back Sore No More! 90 Day Rapid Healing Intensive (81% off!) (Nie wieder Rückenschmerzen! 90 Tage Schnellheilung-Intensivbehandlung (81 % Rabatt!))

Tightness? $1 Massage New Client Summer Special (Verspannungen? Massage für 1 Dollar im Neukunden-Sommer-Special)

Coaching

5 Clients in 5 Days Blueprint (5 Kunden in 5 Tagen-Blaupause)

7F Agency 12 Week Intensive (7F Agentur 12-Wochen-Intensivkurs)

14 Day Find Your Perfect Product Launch (14-tägiger „Finden Sie Ihr perfektes Produkt"-Launch)

Fill Your Gym in 30 Days (Free!) (Füllen Sie Ihr Fitnessstudio in 30 Tagen (kostenlos!))

Was passiert, wenn Angebote ermüden

Wenn Sie Angebote vermarkten, müssen Sie im Laufe der Zeit Variationen erstellen, da sich die Geschmäcker des Marktes mit der Zeit ändern. Hier ist die Reihenfolge, in der Sie die Dinge ändern werden, um den Lead-Fluss konsistent zu halten.

1) Ändern Sie das Motiv (die Bilder und Fotos in Ihren Anzeigen)

2) Ändern Sie den Text in Ihren Anzeigen

3) Ändern Sie die Überschrift - die „Verpackung" Ihres Angebots

   a) Kostenlose Schlank in 6 Wochen-Challenge zu Kostenlose Straff in 6 Wochen-Challenge

   b) Feiertagskater zu Neues Jahr neues Du

4) Ändern Sie die Dauer Ihres Angebots

5) Ändern Sie den Verstärker Ihres Angebots (Ihre Gratis/Rabattkomponente)

6) Ändern Sie die Monetarisierungsstruktur, die Reihe von Angeboten, die Sie potenziellen Kunden machen, und die damit verbundenen Preispunkte (Buch II)

Diese Reihenfolge ermöglicht es Ihnen, die meisten visuellen Veränderungen mit möglichst geringen betrieblichen Veränderungen im Unternehmen zu schaffen.

Lokales Marketing

Marketing für lokale Unternehmen ist sowohl einfacher als auch schwieriger als Marketing auf nationaler Ebene. Es ist einfacher, mit der Arbeit zu beginnen, weil Vertrauen in das Bekannte vorhanden ist. Es ist schwieriger, damit weiterzumachen, weil die Angebote schneller ermüden. Dies ist das zweischneidige Schwert des lokalen Marketings. Wenn Sie also auf einem lokalen Markt tätig sind, müssen Sie damit rechnen, dass Sie Ihr Angebot im Rahmen Ihres Marketings häufiger ändern müssen.

Zusammenfassung zur Namensgebung

- Verwenden Sie die M.A.G.I.C. Formel für die Benennung.

- Denken Sie daran, dass Sie nicht alle fünf verwenden müssen, Sie können auch nur 2-3 verwenden und damit die Ergebnisse drastisch erhöhen.

- Nutzen Sie Reime und Alliterationen, wenn möglich, aber erzwingen Sie sie nicht.

- Variieren Sie Ihr Angebot in den sechs Schritten, um Ermüdung zu vermeiden.

- Wenn Sie in einem lokalen Markt tätig sind, stellen Sie sich darauf ein, dass Sie „die Verpackung" häufiger wechseln müssen.

GRATISGESCHENK Nr. 10 BONUS: Erstellen Sie den perfekten Namen für Ihr Produkt

Wenn Sie Ihr Produkt richtig benennen, weiß Ihr Avatar, dass das Produkt für ihn bestimmt ist, wertvoll ist und seine Probleme lösen wird. Wenn Sie das live mit mir machen wollen, gehen Sie auf **Acquisition.com/training/offers** und wählen Sie **„Naming Products"** aus, um sich ein kurzes Video-Tutorial anzusehen, damit Sie es in Ihrem Unternehmen anwenden können, um so schnell wie möglich mehr Umsatz zu machen. Ich habe auch eine **kostenlose Checkliste für die Benennungsformel** erstellt, die Sie mit Ihrem Team verwenden können. Sie eignet sich auch für die Benennung von Werbeaktionen. Sie können auch den QR-Code scannen, wenn Sie nicht tippen möchten. Wie immer ist es absolut kostenlos. Viel Spaß!

Problem Nr. 12: Nichts ist bis jetzt passiert → Lösung Nr. 12: Sorgen Sie dafür, dass es passiert

IHRE ERSTEN 100.000 DOLLAR

„Die ersten 100.000 Dollar sind hart, aber Sie müssen es tun. Es ist mir egal, was Sie tun müssen - wenn es bedeutet, überall hin zu laufen und nichts zu essen, was nicht mit einem Coupon gekauft wurde, dann finden Sie einen Weg, um 100.000 Dollar zu bekommen. Danach können Sie ein bisschen vom Gas gehen."
– Charlie Munger, Vizepräsident Berkshire Hathaway

Anderthalbseitige Schlussgeschichte (kann bei Zeitmangel auch übersprungen werden)

Mein Herz raste. Ich konnte förmlich spüren, wie jeder Schlag in meiner Brust pochte. Ich krampfte meinen Kiefer zusammen, um den Knoten in meinem Hals abzuwehren, von dem ich wusste, dass er zu Tränen führen würde. Ich wollte nachgeben. Jahrelange Emotionen waren unter der Oberfläche aufgestaut. Jahre des Ignorierens meiner Realität und meines mangelnden Erfolgs. Jahre, in denen ich meine Gefühle verdrängt und mich darauf konzentriert hatte, *vorwärts zu kommen*. Der Druck schoss an die Oberfläche. Ich konnte ihn *spüren*.

„Wir haben es geschafft", sagte ich.

Leila, meine jetzige Frau, schaute mich an. Sie war in der Küche, um das Abendessen zuzubereiten, und blieb mit dem Spatel in der Hand stehen. „Was meinst du?"

„Wir haben es geschafft. Wir haben 100.000 Dollar verdient." Ich brachte die Worte kaum heraus, weil ich nicht wollte, dass die Tränen durch das Zittern in meiner Stimme durchbrachen.

„Wie Einnahmen?"

„Nein. Wie auf unseren persönlichen Bankkonten."

„Heiliger Bimbam, wirklich?! Das ist ja unglaublich!!"

Sie rannte zu mir rüber, ohne auf das Essen auf dem Herd zu achten, und schlang ihre Arme um meinen Hals, den Spatel immer noch in der Hand.

„Ich bin so stolz auf dich."

Sie drückte mich. Ich sackte in ihre Arme. Es war, als ob jeder Knoten in meinem Körper, an den ich mich geklammert hatte, auf einmal zerfiel. Ich konnte mich kaum zurückhalten. Aber wenn ich daran zurückdenke, war das Gefühl, das ich hatte, kein Glück. Es war Erleichterung. Ich war von der Angst zur Sicherheit übergegangen. Ich hatte das Gefühl, jeden Tag zu versagen und zuzusehen, wie meine Arbeit und meine Bemühungen nichts einbrachten, gegen die Verwirklichung eines Traums eingetauscht. Die ständige Unruhe und die Angst vor dem „Was werden wir tun?" wurde endlich durch etwas Anderes ersetzt. Ich hatte endlich Zeit, mich etwas fühlen zu lassen.

Ich hatte das Gefühl, dass dieses „Kampf"-Kapitel des Lebens endlich vorbei war.

„Schau", sagte ich. „Es ist Wirklichkeit."

Ich zog meinen Kopf aus Leilas Armen. Ich wollte ihr nicht in die Augen sehen, weil ich wusste, dass mich das aus der Fassung bringen würde. Ich zog mein Handy heraus und legte es zwischen uns. Wir starrten beide auf das unbewegliche Display mit unserem persönlichen Kontostand.

101.018 Dollar

Unsere Blicke blieben ungebrochen, als sie eine neue, gemeinsame Realität bestätigten. Es war keine Illusion. Es waren keine Einnahmen. Es war kein „Gewinn", der sich noch auf dem Geschäftskonto befand, um später durch einen unvorhergesehenen Notfall abgezogen zu werden. Es war kein „zweckgebundenes" Geld, das zur Tilgung irgendwelcher Schulden verwendet werden musste. Es gehörte *uns*. Wirklich und wahrhaftig.

„Babe", sagte ich. „Wir könnten es versauen und drei Jahre lang keinen Dollar mehr verdienen, und es wäre immer noch okay."

Damals waren 33.000 Dollar pro Jahr mehr als genug, um mit unseren derzeitigen Ausgaben drei Jahre *und länger* auszukommen.

Jahre voller Höhen und Tiefen. Jahre, in denen ich Geld in mein(e) Geschäft(e) gesteckt hatte, nur um zu sehen, wie es in Gemeinkosten, Lohnkosten und Fehlern verschwand. Jahrelange Seminare, Kurse, Workshops, Coaching-Programme, Masterminds ... hatten sich E-N-D-L-I-C-H in Reichtum verwandelt. Es fühlte sich an, als hätte ich eine neue Ebene betreten. Der relative Zuwachs an Reichtum war mehr, als ich je gefühlt hatte.

Zehn Millionen Dollar auf der Bank später war und ist es das reichste Gefühl, das ich je in meinem Leben hatte. Es war der Beginn des nächsten Kapitels in meinem Leben als Geschäftsmann und Unternehmer.

Manche Menschen kommen schnell ans Ziel. Andere kommen langsam voran. Aber jeder kommt irgendwann ans Ziel, solange man nicht aufgibt. Gehen Sie weiter vorwärts. Stehen Sie weiter auf. Glauben Sie weiter daran, dass es passieren kann.

Und das wird es auch.

Zusammenfassung des Buchs:

Wir haben eine Menge behandelt. Und ich denke, dass es wichtig ist, die Informationen zu konsolidieren und neu zu formulieren, damit sie sich einprägen. Dies ist also die Aufzählung auf der „Rückseite der Serviette", um zusammenzufassen, was wir bis jetzt gelernt haben und warum.

1) Wir haben erläutert, warum Sie auf dem Markt keine Ware sein dürfen.

2) Warum Sie einen normalen oder wachsenden Markt wählen sollten und warum Nischen Sie reich machen.

3) Warum Sie viel Geld verlangen sollten.

4) Wie Sie mit Hilfe der vier wichtigsten Werttreiber viel Geld verlangen können.

5) Wie Sie Ihr Wertangebot in fünf Schritten erstellen.

6) Wie Sie den Wert stapeln, liefern und das Ganze profitabel machen.

7) Wie Sie die Nachfragekurve durch Knappheit zu Ihren Gunsten verändern können.

8) Wie Sie Dringlichkeit nutzen, um die Handlungsschwelle der Käufer zu senken.

9) Wie Sie Boni strategisch einsetzen, um die Nachfrage nach Ihrem Angebot zu steigern.

10) Wie Sie das Käuferrisiko mit einer kreativen Garantie vollständig umkehren.

11) Wie Sie Ihr Angebot so benennen, dass es Ihren Avatar anspricht.

Sie haben jetzt ein wertvolles, hochmargiges, entkommodifiziertes Grand-Slam-Angebot.

Die Erstellung eines Grand-Slam-Angebots ist der erste Schritt, um das Geschäft zu schaffen, das Sie sich wünschen. Ich habe mein Bestes getan, um alles, was ich weiß, in einem möglichst <u>kompakten</u> Format zu teilen.

Schlussgedanken

Abschließend hoffe ich, dass dieses Buch einen kleinen Beitrag zur Verbesserung der Welt leisten kann, denn ich glaube, dass niemand kommen wird, um uns zu retten. Es liegt an uns, als Unternehmer, unseren Weg in eine bessere Welt zu finden. Und das ist etwas, dem ich bereit bin, mein Leben zu widmen. Und ich hoffe, Sie sind es auch.

Ich bin dankbar für Ihre Aufmerksamkeit. Sie hätten sie für alles Mögliche verwenden können, aber Sie haben sich entschieden, sie in mich zu investieren. Ich weiß das sehr zu schätzen. Ich danke Ihnen also aufrichtig.

Bleiben Sie hungrig!

Alex

PS - (siehe unten: Gratis-Goodies)

GRATIS-GOODIES

Ich habe fünf Gratis-Geschenke für Sie. Sie führen nicht zu einem Kauf. Sie sind nur kostenlose Geschenke mit der Hoffnung, dass Sie sie nutzen und uns eines Tages kontaktieren, um möglicherweise in Ihr Unternehmen zu investieren und es wachsen zu lassen.

1) Goldene Eintrittskarte

Wir investieren in Unternehmen mit einem Gewinn von mehr als 1.000.000 Dollar, um sie bei der Skalierung zu unterstützen. Wenn Sie möchten, dass wir in Ihr Unternehmen investieren, um es zu skalieren, gehen Sie zu **Acquisition.com**. Sie können auch kostenlose Bücher und Kurse finden, die so gut sind, dass sie Ihr Unternehmen ohne Ihre Zustimmung wachsen lassen. Und wenn Sie nicht tippen möchten, können Sie den QR-Code scannen, um sie zu erhalten.

2) Kostenlose Downloads und Trainings

Um die kostenlosen Buch-Downloads und Videotrainings zu erhalten, die zu diesem Buch gehören, gehen Sie zu **Acquisition.com/training/leads**.

3) Kostenloses Bonus-Kapitel: Ihr erster Avatar

Wenn Sie Schwierigkeiten haben, herauszufinden, an wen Sie verkaufen sollen - zwischen diesem Buch und dem letzten habe ich ein Kapitel mit dem Titel „Ihr erster Avatar" veröffentlicht. Stellen Sie es sich als eine „Single" aus einem Musikalbum vor. Sie erhalten es kostenlos auf **Acquisition.com/avatar**. Geben Sie einfach Ihre E-Mail-Adresse an und wir schicken es Ihnen zu.

4) Kostenloser Hörbuch-Podcast

Mein „100 Millionen Dollar Angebote"-Hörbuch ist **kostenlos (keine Anmeldung erforderlich)**. Sie können es sich überall dort anhören, wo Sie Podcasts hören, oder indem Sie zu **Acquisition.com/podcast** gehen. Es beginnt bei **Episode 579**. Wenn Sie lieber auf Audible hören - es ist auch auf Amazon erhältlich. Dort finden Sie auch mein „100 Millionen Dollar Leads"- Hörbuch, das direkt danach beginnt. Ebenfalls kostenlos.

5) Kostenlose Videos in Langform

Für den Fall, dass Sie sich gerne Videos ansehen, haben wir eine Menge Ressourcen in unser kostenloses Training gesteckt, das für jeden zugänglich ist. Wir wollen es besser machen als alle kostenpflichtigen Kurse da draußen und lassen Sie entscheiden, ob uns das gelungen ist. Sie können unsere Videos auf YouTube oder wo auch immer Sie Videos ansehen, finden, indem Sie nach „Alex Hormozi" suchen.

Das nächste Buch der Reihe ist *100 Millionen Dollar Leads*. Sie können es überall **dort finden, wo Sie Bücher kaufen.**

Ich hoffe, Ihnen bereiten diese Produkte genau so viel Freude, wie ich daran hatte, sie für Sie zu erstellen.

–Alex